böhlauWien

ALEXANDER WITESCHNIK

O je, o je, wie rührt mich dies

oder

Die Walzer-Dynastie Strauß in Geschichten und Anekdoten

BÖHLAU VERLAG WIEN · KÖLN · WEIMAR

Herausgegeben von Karl-Andreas Edlinger

Umschlagabbildung: Franz von Bayros, Ein Abend bei Johann Strauß,
1894, © Direktion der Museen der Stadt Wien

Die Deutsche Bibliothek – CIP-Einheitsaufnahme
Witeschnik, Alexander:
O je, o je wie rührt mich dies! : Die Walzer-Dynastie Strauß in
Geschichten und Anekdoten / Alexander Witeschnik. –
Wien ; Köln ; Weimar : Böhlau, 1998
ISBN 3-205-99003-X

Gedruckt auf umweltfreundlichem, chlor- und säurefreiem Papier.

Druck und Bindung: Wiener Verlag, Himberg

Vorwort

Wer liebt nicht den Wiener Walzer? Und wer liebt nicht die Schöpfer und Klassiker dieses Walzers? Fast die ganze Welt kennt und liebt sie, und schon die Zeitungsleute des Vormärz schrieben, daß Dreivierteltaktklänge noch bis über die chinesische Mauer dringen und daß die Werkelmänner in Australien Wiener Walzer spielen.

Und heutzutage, seit das Neujahrskonzert der Wiener Philharmoniker von Tausenden Bildschirmen, Hunderttausenden von Radiogeräten und Millionen von Hörern und Sehern in der ganzen Welt empfangen wird, sind die „Walzer-Sträuße" die beliebtesten und bekanntesten Komponisten auf diesem Planeten geworden. Oder nicht? Die beliebtesten ohne Zweifel, aber die bekanntesten? Eine Probe aufs Exempel kann da zu den kuriosesten Ergebnissen führen.

Der Vater wird mit dem Sohn, der Johann mit dem Josef verwechselt, wenn sich nicht gar noch der „Walzertraum"-Straus (mit einem „s") und der „Rosenkavalier"-Strauss (mit „ss") in die Dynastie verirrt, wo beide durchaus nichts zu suchen haben. Der alte Gymnasiastenwitz: „Woher stammt denn der Walzer ‚Rosen aus dem Süden'?" – Antwort: „Aus der Operette ‚Der Rosenkavalier' von Oscar Straus" – ist also gar nicht so bei den Haaren herbeigezogen, wie es zunächst aussieht.

Es soll darum hier zunächst einmal versucht werden, Ordnung in die Familiengeschichte der vier Sträuße – Johann Vater, Johann Sohn (auch Schani genannt), Josef und Eduard – zu bringen. Da man von den vieren meist nur die Musik kennt, vom „Radetzkymarsch“ bis zum „Donauwalzer“, so versucht dieses Brevier ihr Leben, ihr Schicksal und auch etwas vom Wesen ihrer Musik zu beschreiben. Es beginnt mit Vater Johann und seinem raketenhaften Aufstieg, der vom Vorstadt-Bierbeisl bis an den Thron der Queen Victoria führt; und es verschweigt auch nicht die Abwege des Vaters der Dynastie, die zu seinem makabren Scharlachtod führen.

Allgemein bekannt ist wohl auch nicht, daß der Junior, den schon die Zeitgenossen „Walzerkönig“ nannten, neben der „Fledermaus“ und dem „Zigeunerbaron“ noch dreizehn Operetten geschrieben hat, dazu noch ein Ballett und eine Oper, und daß der Schöpfer der heimlichen österreichischen Volkshymne, des Donauwalzers, die letzten vierzehn Jahre sächsischer Staatsbürger war. Johann Strauß jun., der große Erotiker der Musik war dreimal verheiratet und kinderlos, obgleich seine drei Frauen, vor der Ehe mit ihm, acht Kinder zur Welt gebracht hatten.

Wer von Josef Strauß die „Dorfschwalben aus Österreich“ oder die „G'schichten aus dem Wienerwald“ hört, ist sich wohl kaum bewußt, daß dieser Merkwürdigste unter den Brüdern zum Komponieren gezwungen werden mußte und so den Fall eines „Genies wider Willen“ verkörpert. Seltsam auch, daß dieser rätselhafte Melancholiker imstande war, die launigsten und kecksten Polkas zu schreiben.

Schließlich muß auch das Schicksal Eduards, von dem viele nur den Namen kennen, nachgezeichnet werden. Das Schicksal des Jüngsten der Brüder, der die historische Strauß-Kapelle bis über die Jahrhundertwende leitete und dann im Groll das gesamte Notenarchiv der Kapelle vernichtete, war bitter. Er starb erst mitten im Ersten Weltkrieg, fast gleichzeitig mit Kaiser Franz Joseph, völlig vereinsamt.

Kurz zusammengefaßt: Es ist die Absicht dieses Breviers, die vier Persönlichkeiten, die ja aus ihrer Musik kaum zu deuten sind, in knapper Form lebendig und unverwechselbar zu machen. Und dies alles in so lockerer und leichter Form, wie es nun einmal ihrer Musik, dem Wiener Walzer, zukommt.

Wien/Döbling im Frühjahr 1989

A. W.

KAPITEL I

Schau, daß dir was einfallt!

KINDHEIT UND JUGEND DES VATERS – ZUSAMMENSPIEL MIT LANNER – „NERVENDÄMON“ STRAUSS EROBERT DEN KONTINENT

Am 5. April 1816 trug der Beamte der Städtischen Totenprotokolle Wiens folgenden Vermerk in sein Verzeichnis: „Franz Strauß, bürgerlicher Bierwirth von Nr. 51 in der Leopoldstadt, welcher in der Donau ertrunken gefunden und im Allgemeinen Krankenhaus beschaut worden, alt 50 Jahr."

Wer war der Ertrunkene? 1764 in Wien/Leopoldstadt geboren, hatte er sich jahrelang als vazierender Kellner in diversen Vorstadt-Beiseln mehr schlecht als recht durchs Leben geschlagen, hatte mit 33 die um sechs Jahre jüngere Kutscherstochter Barbara Dollmann geheiratet und es 1803 mit Müh und Not zum „bürgerlichen Bierwirth" gebracht, erst in der Schenke „Zum heiligen Florian", dann, ab 1808, im Wirtshaus „Zum guten Hirten". Beim „heiligen Florian" wurde am 14. März 1804 als drittes von sechs Kindern – deren vier die ersten Monate nicht überlebten – der Knabe Johann Baptist geboren. Und so wurde Franz Strauß – was er sich nie hätte träumen lassen – zum Großvater der Walzer-Dynastie.

Fesch war er nicht. Es gibt zwar kein Bildnis von ihm, wohl aber die Schilderung eines Zeitgenossen, des Schneidermeisters Anton Müller, der zu Johanns Vormund bestellt wurde. Demnach war der Bierwirt Franz Strauß „eine etwas groteske Erscheinung mit einem auf überaus dickem Hals sitzenden kahlen Kopf, dicken Ohrmuscheln, umfangreichem Bauch und breiten, einwärts gebogenen Füßen". Und wie war er gekleidet? „Er trug immer eine grüne Weste, ein schwarzes Lederkappel, doch niemals eine Krawatte und seine büffelledernen Stiefel waren nie gewichst." Ob der Unglückliche einem Unfall zum Opfer fiel oder ob er freiwillig in die Donau ging, ist ungewiß. Aber Selbstmord ist nicht auszuschließen, weil er, nebst einer Witwe und zwei unmündigen Kindern einen Schuldenberg von viereinhalbtausend Gulden zurückließ.

Mutter Barbara war bereits fünf Jahre vorher an „schleichendem Fieber" gestorben. Der Vater hatte noch einmal geheiratet, diesmal die Tochter eines Linzer Messerschmiedes, aber der Knabe Johann wuchs jedenfalls als Halbwaise mit Stiefmutter in bitterster Armut auf. Seine Kinderstube war die von Rauch und Bierdunst geschwängerte kleine Schenke „Zum guten Hirten" in der Leopoldstadt, die damals noch eine Donau-Insel war. Hier kehrten die Soldaten, die Schiffer und Flößer ein und die Linzer Geiger, wenn sie die Donau abwärts kamen.

Nach dem Tod des Vaters steckte der Vormund Müller den Dreizehnjährigen in die Lehre zu dem Buchbinder Lichtscheidl. Die Anekdote erzählt – und die frühen Biographen erzählen es auch – daß der Knabe, vom Leimgeruch und den Ohrfeigen Lichtscheidls angeekelt, eines Tages durchbrannte. Auf der Flucht begegnete er dem Musiker Polischansky, einem Stammgast vom „Guten Hirten". Der nahm ihn zu sich und lehrte ihn nun wirklich das geliebte Geigenspiel. Somit wäre Polischansky sein erster und einziger musikalischer Lehrmeister gewesen.

Soweit die Legende. Die Wirklichkeit sieht anders aus. Dokumente beweisen, daß der Buchbinderlehrling seine Handwerkszeit brav durchgehalten und daß

Lichtscheidl „seinen Jung Johann Strauß" nach fünf Jahren „frey" gesprochen hat. Tatsächlich dürfte der spätere Walzerkönig Nr. 1 sein Handwerk auch später gelegentlich ausgeübt haben. Eine Anzahl erhalten gebliebener „Original-Walzer, von Johann Strauß eigenhändig geschrieben und gebunden" gibt Zeugnis davon.

Schon mit vierzehn, also ein Jahr nach Antritt seiner Lehrlingsstelle, soll Johann seine Musikerlaufbahn angetreten haben: als Bratschist in der Kapelle des urigen Michael Pamer, erst im Gasthaus „Zur goldenen Birne", dann beim „Sperl", einem der beliebtesten Vergnügungslokale Alt-Wiens. Das mag bezweifelt werden. Jedenfalls aber muß er damit noch vor seiner Freisprechung durch Lichtscheidl begonnen haben. Und das hieße dann: tagsüber Buchbinderwerkstatt, abends und nachts Dienst beim „Sperl". Diese Annahme scheint gewagt im Hinblick auf das fast noch kindliche Alter des Lehrlings, wird aber sehr wahrscheinlich, blickt man auf die ungeheure Vitalität, mit der später Johann Strauß Nr. 1 in beispielloser Karriere den ganzen Kontinent eroberte.

Ignaz Michael Pamer war ein Wiener Vorstadt-Original, als Kapellmeister ebenso begabt wie als Komponist. In einer zeitgenössischen Ausgabe beliebter Tänze standen seine Ländler neben Tänzen von Beethoven und Schubert. Aber sein Durst war größer als seine Begabung. Die Ländlerreihe „Selige Erinnerungen an das gute Hütteldorfer Bier" war Pamers Paradestück. Am Ende des Stücks goß sich Pamer ein „Krügerl" von dem gepriesenen Saft hinter die Binde. Das tobende Publikum forderte Wiederholung. Nach der zwanzigsten wurde Pamer trübsinnig und erzählte schluchzend, jedem, der es hören wollte, er habe einen Kapuziner umgebracht.

Bei Pamer lernte Johann den gemütlichen, pausbäkkigen, blonden Handschuhmacherssohn Josef Lanner kennen, der bereits eine Dreimann-„Kapelle“ besaß. Wenn sie beim „Rebhuhn“ in der Goldschmiedgasse spielte – zwei Geigen, eine Gitarre –, hörten ihr Franz Schubert und seine Freunde gerne zu: Moritz v. Schwind, Eduard Bauernfeld, Ignaz Castelli. Als Johann dazukam, wurde aus dem Terzett ein Quartett. Die denkwürdige erste Begegnung mit dem Lanner-Trio fand in Jünglings Kaffeehaus „Zum grünen Jäger“ im Prater statt und führte zu einem engen Freundschaftsbündnis zwischen Lanner und Strauß. Auf der „Windmühle“ Nr. 18 bezogen sie eine kleine gemeinsame Wohnung und hungerten sich fröhlich durch den Tag. Einmal soll es so weit gekommen sein, daß sie nur noch ein Hemd miteinander besaßen, das sie abwechselnd trugen. Der andere mußte inzwischen im Bett bleiben oder – auch wenn es noch so heiß war – mit aufgestelltem Rockkragen über die Gasse gehen.

1820 gesellte sich zum Lanner-Quartett ein Cellist und vier Jahre später war aus dem Ensemble bereits ein respektables Streichorchester geworden, das am 1. Mai 1824 im Garten des Prater-Kaffees seinen Einstand beging. Seine Beliebtheit wuchs so rasch, daß das Repertoire bald zu klein wurde. Also mußte Lanner selbst zur Feder greifen. Das Komponieren gehörte ja einfach zu einem richtigen Kapellmeister in Alt-Wien. Wie sich das abspielte, das erzählte viele Jahre später Johann Strauß Sohn in seiner Einleitung zur Gesamtausgabe der Werke seines Vaters:

„Das Komponieren war offenbar damals eine leichtere Kunst als heutzutage. Zur Hervorbringung einer Polka studiert man jetzt die gesamte Musikliteratur ... Früher gehörte zum Komponieren nur eines: ‚Es mußte einem was einfallen', wie man sich populär auszudrücken pflegte. Und merkwürdigerweise ‚fiel einem auch immer was ein'. Das Selbstvertrauen in dieser Richtung war so groß, daß wir Alten häufig eine Walzerpartie für einen bestimmten Abend ankündigten, von der am Morgen noch keine Note vorhanden war." Dann „erschien zumeist das Orchester in der Wohnung des Kompositeurs. Sobald dieser einen Teil fertiggestellt hatte, wurde er vom Personale für das Orchester hergerichtet, kopiert etz. Inzwischen wiederholte sich das Wunder des „Einfallens" beim Komponisten; nach einigen Stunden war das Musikstück fertig, wurde durchprobiert und am Abend vor einem in der Regel enthusiastischen Publikum zur Aufführung gebracht."

Johann Strauß Sohn erzählt weiter: „Lanner, der Leichtblütige, Leichtlebige, produzierte fast nie anders. Da widerfuhr es ihm, daß er sich eines Morgens leidend und arbeitsunfähig fühlte ... Er schickte zu meinem Vater hin mit der ganz natürlichen Botschaft: ‚Strauß, schau zu, daß dir was einfallt!'" – Strauß fiel etwas ein und sein Stück wurde am Abend aus der Taufe gehoben, natürlich unter Lanners Namen. Das war nichts Ungewöhnliches. Johann hatte schon vorher kleine Tanzstücke geschrieben und verkauft. Wir wissen deshalb nicht genau, wann er eigentlich zu komponieren begonnen hatte. Jetzt aber wurde sein Ehrgeiz wach. Wenn das pseudolannersche Stück abends vom Publikum so heftig beklatscht wurde, warum dann nicht unter dem Namen Strauß?

1 Johann Strauß Vater und Josef Lanner

2 Französische Karikatur auf Joh. Strauß Vater

Das war der erste Anstoß zur Trennung von Lanner. Der zweite hieß Anna Streim. Die Gastwirtstochter vom Thury-Grund trug bereits ein Kind unter dem Herzen. In dem Ansuchen des Vormunds Müller an den „löblichen Magistrat“ um Ehekonsens für sein Mündel Johann Strauß, der gesonnen sei, „sich mit der Jungfrau Anna Streim, geboren in Wien am 24. August 1802 ... noch vor dem Antritt der ihm hohen Orts bewilligten Kunstreise zu verehelichen“, wird das jährliche Einkommen des Bräutigams mit „beiläufig vierhundert Gulden in Metallmünze“ angegeben. Das ist ebenso blauer Dunst wie die angebliche Kunstreise. Tatsächlich hatte Johann im März 1825 einen Reisepaß beantragt, um „in Graz und den kaiserlichen Staaten Verdienst“ zu suchen. Vielleicht wollte er sich aus dem Staub machen? Dann hat das die resolute Anna jedenfalls verhindert. Im Eheansuchen war übrigens auch ihr Geburtsdatum frisiert worden; sie wurde nämlich schon am 30. August 1801 geboren, war also nicht nur um zwei, sondern um drei Jahre älter als Johann, den sie um 21 Jahre überlebte. Die Hochzeit fand am 11. Juli in der Schubert-Pfarre Liechtental statt. Drei Monate später – am 25. Oktober 1825 – kam das erste Kind zur Welt: es war der künftige Walzerkönig Nr. 2 Johann Strauß Sohn.

Zwei Monate darauf trennte sich Strauß von Lanner und seiner Kapelle. Nach der Überlieferung soll es dabei im Tanzsaal „Zum Bock“ auf der Wieden zu einer richtigen Wirtshausrauferei gekommen sein – mit zerschlagenen Fensterscheiben, zertretenen Baßgeigen und geknickten Fiedelbögen. Nun, so dramatisch wird es wohl nicht zugegangen sein. Lanner schrieb hinterher seinen „Trennungswalzer“ und man versöhnte sich wieder. Nur daß hinfort jeder seine eigenen Wege ging, und daß die Wiener Gelegenheit hatten, den Walzer auf zweierlei Art zu tanzen: schwärmerisch oder feurig, melodisch oder rythmisch, lannerisch oder straußisch. Denn Johann, der „Mohrenschädel“, kehrte nicht mehr zu dem „Flachskopf“ zurück. Vierzehn Musiker gingen mit ihm, und mit ihnen gründete er seine eigene Kapelle, die schon im Fasching 1826 beim „Schwan“ in der Rossau und im „Fingerschen Hotel“ in Döbling zum Tanz aufspielte. Mit den Titeln seiner ersten Walzer suchte er sich bei den Tanzlokal-Besitzern zu empfehlen. Für das Wirtshaus „Zu den zwey Tauben“ schrieb er sein Opus 1, den „Täuberl-Walzer“, für das Fingersche Etablissement den „Döblinger Reunion-Walzer (op. 2) und für den Kettenbrückensaal am Donaukanal den „Kettenbrückenwalzer“ (op. 4), seinen ersten großen Wurf.

Den Walzer-Titel hat übrigens Josef Lanner eingeführt. Vor ihm hieß es nur: „Drei Tänze von ...“ oder „Vier Walzer von ...“ usw. Johann Strauß hingegen, der noch im Lanner-Quartett als Jüngster mit dem Teller absammeln ging, machte mit dieser Gepflogenheit Schluß und setzte bei den Gastwirten ein bescheidenes aber fixes Eintrittsgeld durch, und das war seine erste bescheidene Anhebung des Musikerstandes. Die Urteile der Zeitgenossen fielen noch lange zu Gunsten Lanners aus. Eduard Hanslick, der gestrenge „Wagnertöter“, schrieb: „Das Beste aus Lanner klingt wie ein Nachhall von Franz Schubert.“ Und ein anderer Kritiker stellte fest: „Strauß und Lanner glänzen, zwei Sternen gleich, an einem Himmel, nur ist der Lichterglanz verschieden. Jener blendet, dieser leuchtet.“ Am treffendsten aber hat Johann Strauß Sohn später einmal die verschiedenen Temperamente der beiden Walzer-Dioskuren gezeichnet. Bei Lanner heißt es: „Ich bitt' euch schön, geht's tanzen!", bei Strauß Vater hingegen: „Geht's tanzen, ich will's!" Trotz ihrer Beliebtheit wurden beide von dem 1835 gegründeten „Tonkünstler-Unterstützungs-Verein" abgelehnt, da man sie nicht als „Tonkünstler" betrachten könne.

Mit dem Inhalt haben die Titel der Strauß-Tänze zumeist nichts oder kaum etwas zu tun. Wohl aber begleiten sie die aktuellen Ereignisse und bieten damit eine Art klingende Lokal-, Zeit- und Kulturgeschichte. Als Ferdinand Raimunds Märchen „Der Alpenkönig und der Menschenfeind" zum Benefiz des Dichters im Leopoldstädter Theater auf die Bühne kam, schrieb Strauß einen „Alpenkönig-Galopp"; als auf dem „Tivoli" nächst Schönbrunn eine großartige Rutschbahn eröffnet wurde, begleitete er das Ereignis mit einem „Tivoli-Rutsch-Walzer" und als die Cholera in Wien ausbrach, suchte Strauß die Stadt zu beruhigen mit seinem Walzer „Heiter auch in ernster Zeit". Der Riesenerfolg von Louis Hérolds „Zampa" im Kärntnertortheater spornte ihn zu einem „Zampa-Walzer" und die Eröffnung der ersten Eisenbahnlinie – zwischen Wien und Deutsch-Wagram – zu einem „Eisenbahn-Lust-Walzer".

Dem Taufschein der Pfarre Sankt Ulrich ist zu entnehmen, daß „von Herrn Johann Strauß, Musiklehrer, wohnhaft St. Ulrich 76, mit seiner Ehegattin Maria Anna Streim, Tochter des Herrn Josef Streim und der Anna, geborene Rober, beide katholischer Religion, zeit ihres Ehestandes ein Sohn erzeugt worden ist, welcher am Tage der Geburt die heilige Taufe empfangen hat und welchem der Name Johann Baptist beigelegt wurde". Das Dokument enthält gleich zwei Falschmeldungen: erstens war Vater Strauß nie Musiklehrer und zweitens wurde der Sohn – wie wir wissen – nicht „zeit ihres Ehestandes" erzeugt.

Die Pfarre St. Ulrich war so etwas wie eine erlauchte Musiker-Pfarre. Hier hatte nicht nur – siebeneinhalb Jahrzehnte zuvor – der Ritter Christoph Willibald Gluck seine Marianne Perg, eine geborene Wienerin, geheiratet, hier waren Josef Lanner und die Mutter Anna Streim getauft worden, und hier hatte am Christtag 1800 ihr Vater, der „herrschaftliche Kutscher" Josef Streim seine Maria Anna Rober, die Tochter des Zuckerbäckers von St. Ulrich Martin Jean Rober, geehelicht.

Anna Streim, die Mutter der Walzer-Dynastie, war eine ebenso umsichtige wie hübsche Person. Ihr Bildnis zeigt uns ein energisches und doch gütiges Gesicht, kluge mandelförmige schwarze Augen und schwarzes glattes seidiges Haar, modisch gescheitelt und geputzt. Ihre Musikalität muß beachtlich gewesen sein. Wir wissen, daß sie Gitarre spielte.

Doch lassen wir den Sohn selbst erzählen: „Ich bin vielleicht einer der ältesten Wagnerianer und habe die ‚Tannhäuser'-Ouvertüre in Wien eingeführt und eingebürgert. Ich erhielt vom Verleger die Partitur zugeschickt und sah mir das Ding an. Schwer, verteufelt schwer schien mir die Geschichte, und ich arrangierte zuerst einige Detailproben. Dann stellte ich mein Orchester in meiner Wohnung in zwei Zimmern auf, und wir brachten nach einigen Wiederholungen die Ouvertüre flott heraus. Meine Mutter kam plötzlich herein und sagte: ‚Du, Schani, was habt ihr denn da gespielt, das ist eine merkwürdige Musik, die regt mich furchtbar auf!' – Das war die erste Wiener Kritik über Wagnersche Musik."

Doch wir haben der Zeit vorgegriffen und kehren wieder zu Anna Streim zurück. Um ihre Herkunft rankte sich früh eine Legende, die von der Familie sorgsam gepflegt und vom jüngsten der Strauß-Brüder, Eduard, noch in dessen späten Erinnerungen als unumstößliche Tatsache aufgetischt wurde. Demnach soll Mutter Anna die Tochter eines spanischen Granden gewesen sein, der nach einem Duell auf der Flucht Schutz bei dem ihm befreundeten Herzog Albert von Sachsen-Teschen, dem Begründer der berühmten Wiener Kunstsammlung Albertina, fand, in dessen Palais er als bürgerlicher Koch – das war die herzogliche Bedingung – untertauchte. „Der Marquis", – so Eduard – „durch die in der Heimat vollzogene Konfiskation aller seiner Güter jeglicher Existenzmittel beraubt, sah keinen anderen rettenden Ausweg vor sich, als dem Vorschlag des Herzogs Gehör und Folge zu geben. Er vertauschte seinen klingenden Namen mit einem einfachen bürgerlichen und hieß fortan Rober."

Diese Legende ist so unwahrscheinlich, daß ihre Langlebigkeit verwundern muß. Herzog Albert war ein Schwiegersohn Maria Theresias und somit ein Schwager Josefs II. Ein Adeliger seines Standes hätte sich nie dazu hergegeben, einen Standesgenossen zu seinem Koch zu degradieren. Ihn zu schützen hätte es hundert andere Möglichkeiten gegeben. Weiters: Ein Gang in die Pfarre Liechtental oder St. Ulrich hätte jedem die Tatsache verraten, daß weder Anna Streim noch ihre Eltern und Großeltern in Spanien geboren wurden. Die Großmutter Anna Maria, geborene Hartl, kam in Wien/St. Ulrich zur Welt und auch der Großvater Jean Martin Rober, der sich tatsächlich um 1800 als Zuckerbäcker im Gefolge Herzog Albrechts befand, stammte weder aus Granada noch aus Madrid, sondern aus Luxemburg, war der Sohn eines Obsthändlers und, vor seiner Zuckerbäckerei, Friseur und Weinwirt in Wien.

Mit seiner Ehe kam ein neuer Zwang in Johann Strauß' Leben: die Notwendigkeit des Geldverdienens. Dieser Zwang und ein brennender Künstlerehrgeiz hetzten ihn in pausenlose hektische Arbeit. In der Nacht dirigieren, am Tag komponieren und probieren! Wien stürzte in eine dämonische Tanzwut, die alles Maß überstieg. Ein Zeitgenosse berechnete die Zahl aller walzenden Wiener eines einzigen Abends auf rund 50.000. Wien hatte damals nicht mehr als 200.000 Einwohner. Somit befand sich jeder vierte Wiener abends im Ballsaal. In den Vorstädten wuchsen um 1800 die Vergnügungsetablissements wie Pilze aus dem Boden und zeugten nicht nur von der „Dansomanie" der Wiener – eine Wortschöpfung des Leipziger „Musikalischen Anzeigers" –, sondern auch von der Risikofreudigkeit der Vorstadt-Wirte. 1806 eröffnete die „Neue Welt" in Hietzing, 1807 der Tanzsaal „Zum Sperl" in der Leopoldstadt, 1808 der „Apollo"-Saal auf dem Schottenfeld. Dazu kamen die Tanzstätten der inneren Stadt: vom Redoutensaal bis zum Volksgarten.

Beim „Sperl" fanden die großen Repräsentationsbälle Wiens statt, vom Ball der „Musikfreunde"-Gesellschaft bis zum Juristen- und Medizinerball. Wie es dort zuging, schildert der „Hansjörgel von Gumpoldskirchen", ein populärer Dialekt-Feuilletonist, seinem Schwager: „... so hab'n da viel mehr als tausend Lampen brennt, und die großmächtigen Luster waren alle anzunden ... Da is tanzt worden, was das Zeug halt, und die Fräulern haben ihr Kleid beim Gnack alle so weit ausg'schnitten g'habt, daß man ihnen beinah' bis aufs Kreuzbanl hat abischauen können. Das is a recht, wie künt ma denn sonst a solche Robot-Tanzerei vor Hitz aushalten. Wer keine halbnackete Person anschau'n will, soll halt d'Augen zumachen, und damit Punctum!"

Peter Cornelius, der Musikerpoet, schwärmte noch in den Sechzigerjahren von Wien, der Stadt, in der es „Frohsinn ohne Gemeinheit", „Humor ohne Bosheit" und eine „Lachlust" gebe, „der alles Edle heilig bleibt". Er sah freilich nicht die Separèes in den Ballsälen und nicht die Phalanx der „Graben-Nymphen", deren Geschäft blühte. Michael O'Kelly, Mozarts erster Basilio im „Figaro", berichtet von Entbindungszimmern für hochschwangere Tänzerinnen in den k. k. Redoutensälen der Hofburg. Moritz Saphier, der Mann mit der giftigen Feder, den die Behörden einmal sogar aus der Stadt verbannten – Grillparzers geifernde Verse „Schlagt ihn tot, er ist ein Rezensent!" sind wohl auf ihn gemünzt – Saphier also schrieb über die Wiener von damals: „Das ganze Jahr sind sie so lustig, als wäre es Fasching; kommt er dann, so ist es Pflicht jedes guten Christen, sein Übriges zu tun und den Fasching nicht so eintönig und freudlos zu verleben, wie die übrige Zeit im Jahr."

Hier wie dort war Johann Strauß unentbehrlich. Längst hatte er seine Kapelle teilen müssen, um die Ankündigung „Strauß persönlich" wahr zu machen. 1828 war sie bereits auf 200 Mann angewachsen. „Aus diesen wählte er sich sein Stammorchester", so berichtete später sein Sohn, „das er durch rastloses und gewissenhaftes Studieren auf eine solche Stufe der Vollkommenheit in seiner Art brachte, wie niemand bisher ein Privatorchester." So wurde Strauß Vaters Stammorchester der Vorläufer der Wiener Philharmoniker. Um diese Zeit schrieb Hektor Berlioz, der „französische Beethoven" aus Wien an einen Pariser Freund von der „reizenden Leidenschaft" der Wiener, die aus dem „Salontanz eine wirkliche Kunst" macht, eine Kunst, „die über der Routine unserer Bälle ebenso hochsteht wie die Straußschen Walzer und Orchester über den Polkas und dem Gefiedel der Pariser Tanzböden . . ., denn Strauß ist ein Künstler."

Den Rest seiner 200 Mann verteilte Strauß auf die diversen Ballsäle, wo er aufzuspielen hatte. Im Fiaker hastete er von einem zum andern, um wenigstens eine Piece „persönlich" zu präsentieren. Auf der Fahrt pflegte er bereits seine Einfälle zu notieren. So soll etwa der „Reisegalopp", op. 85, in der Postkutsche entstanden sein. 1828 wurde er von dem tüchtigen Etablissement-Besitzer Johann Scherzer zum Balldirektor des „Sperl" ernannt. Hier hob er über ein Viertel seiner Werke aus der Taufe, hier wurde er zu einem Wahrzeichen von Wien.

Der „Hansjörgel" kommentiert: „Der Herr Schwager glaubt gar net, was der Lanner und der Strauß im Fasching für eine Plag haben. Da müssen s' in zwei oder drei Sälen spiel'n, da haben s' schon ihre Equipagen unten stehen und fahren einmal dorthin und reißen g'schwind ein Walzer abi, und hernach dahin und spiel'n g'schwind ein' Galopp. Aber so ein Musikdirektor is scho ein ordentliches G'schäft, denn man kann annehmen, daß einer im Jahr 30 bis 35tausend Gulden-Schein seinen Leuten zahlt."

Frederic Chopin, der bei seinen ersten Wiener Konzerten im Jahre 1829 stürmisch gefeiert worden war, blieb jetzt, bei seinem zweiten Besuch 1830/31, fast völlig unbeachtet. „Unter den Wiener Unterhaltungen", so klagt er, „sind die Abende in den Gasthäusern berühmt, wo beim Nachtmahl Strauß und Lanner Walzer aufspielen. Nach jedem erhalten sie ein gewaltiges Bravo, und wenn sie ein Quodlibet spielen, dann sind die Hörer derart entzückt, daß sie nicht wissen, was sie mit sich beginnen sollen. Das beweist nur den verdorbenen Geschmack des Wiener Publikums." Und Chopin mokiert sich darüber, daß die Walzer hier „Werke" und die beiden Dioskuren, die zum Tanz aufspielen „Kapellmeister" genannt werden. „Damit ist nicht gesagt, daß alles hier so denkt, nein, fast alle Welt lacht darüber, aber trotzdem werden doch nur Walzer gedruckt." Aber – und das war wohl der Stein des Anstoßes – eben nicht die Walzer von Chopin.

Hier muß gerechterweise gesagt werden, daß es in Wien tatsächlich kritische Organe gab, die Chopin zustimmten. So etwa warf der „Sammler" Ende 1833 die mokante Frage auf: „Und wer ist der geniale Künstler?" – gemeint ist Strauß – „ein Geiger, der Walzer und Märsche komponiert und Quodlibets zusammenstellt. Ein gerechter Unwille muß jeden ergreifen, der, wenn Strauß spielt, die Namen ‚Kunst und Künstler' solcherart frivol entweihen hört."

Es muß gesagt werden, daß sich die frühen Walzer von Vater Strauß fast nie über das Niveau des Gebrauchstanzes erhoben, daß er selbst es nicht verschmähte, in die Programme seiner raffiniert arrangierten und illuminierten Tanzfeste reine Zirkusnummern aufzunehmen wie etwa eine Baß-Sängerin oder einen bärtigen Sopranisten und daß er, wenn ihm einmal nichts einfiel, ungescheut in den Vorrat der „Großen“ griff und deren markante Themen bedenkenlos verwalzerte. Wie die Bandleader des Jazz heute Bach, Mozart und Schubert verjazzen, so hat Vater Strauß etwa die „Kreutzer-Sonate“ von Beethoven verwalzert.

Andererseits pflegte Vater Strauß in seine Programme fast stets seriöse Musik aus Oper und Konzertsaal aufzunehmen, was Hanslick bestätigt, wenn er feststellt: „In seinen bescheidenen Gartenproduktionen konnte man viel bessere Aufführungen guter Instrumentalmusik hören, als in manchen Fastenkonzerten mit hochtönendem Namen.“

Die populäre, vielgelesene „Theaterzeitung“ *Adolf Bäuerles* schrieb im Juli 1832: „Man erstaunt über die Tätigkeit des jungen Mannes, der jeden Abend bis Mitternacht beschäftigt, dennoch Zeit genug gewinnt, mit solchem Glück zu komponieren.“ *Heinrich Laube,* der nachmalige Burgtheaterdirektor, der 1833 nach Wien kam, schildert in einem Brief die faszinierenden Feste, die dieser Magier, dieser „Nervendämon“ – wie Richard Wagner Johann Strauß Vater nannte – beim „Sperl“ entfesselte: „Der Garten brennt in tausend Lampen, alle Säle sind geöffnet, Strauß dirigiert die Tanzmusik, Leuchtkugeln fliegen, alle Sträucher werden lebendig...“

Und Laube schreibt weiter: „Was den Franzosen die napoleonischen Siege waren, das sind den Wienern die

Staußschen Walzer... Es ist eine bedenkliche Macht in dieses schwarzen Mannes Hand gegeben. Sein besonderes Glück mag er es nennen, daß man unter Musik alles Mögliche denken, daß die Zensur mit dem Walzer nichts zu schaffen haben kann... Ich weiß nicht, was Strauß unter Noten versteht, aber das weiß ich, daß der Mann viel Unheil anrichten könnte, wenn er Rousseausche Ideen geigte: die Wiener machten in einem Abend den ganzen Contrat sozial."

Heinrich Laube zeichnet auch ein Bild des „Magiers", so wie er es sah: „Wie sieht er aus, der Johann Strauß? War das Aussehen Napoleons römisch-klassisch, war dasjenige Paganinis romantisch, so ist das von Maestro Strauß afrikanisch, heißblütig, sonnenhaft, modern, verwegen, zappelnd, unruhig, unschön, leidenschaftlich – das sind Adjektiva zum Auswählen. Der Mann ist ganz schwarz wie ein Mohr, das Haar kraus, der Mund melodiös, unternehmend, aufgeworfen, die Nase abgestumpft. Hätte er kein so weißes Gesicht, wäre er der komplette Mohrenkönig..." Das war journalistische Übertreibung bzw. Phantasie. Vergleichen wir damit die Schilderung eines anderen Zeitgenossen, des Wiener Lokalhistorikers Franz Gräffer, der Strauß Vater so darstellt: „Viereckiger Kopf – schöne, tiefliegende Augen – kühn gewölbte Stirne – starke Augenbrauen – kokettes Schnurrbärtchen – blendendweiße Wäsche – sorgfältig gepflegte Toilette. – Im persönlichen Umgang bescheiden, schweigend, zuhörend."

Der zeitgenössische Hinweis auf das exotische Äußere des Walzerdämons – der Journalist Ambros schreibt noch 1861 von den „negerartigen Gesichtszügen" des Vaters, legte bei manchen Biographen die Vermutung nahe, der legendäre Koch Rober sei ein Zigeuner gewesen. Daher käme auch das geigerische Talent der Sträuße. Heute wissen wir - dank der verdienstlichen Dokumenten-Sammlung von Hans Jäger-Sunstenau – daß Rober kein Zigeuner war und daß die exotischen Züge des Walzerkönigs Nr. 1 Mitgift eines jüdischen Großvaters, des Bedienten Johann Michael Strauß, waren, der, in Ungarn geboren, möglicherweise so etwas wie ein halber Zigeuner war.

Strauß Vater muß ein virtuoser, ja hinreißender Geiger gewesen sein, ein „Teufelsgeiger", wie die Zeitgenossen bestätigen. Das kann er nicht bei Polischansky gelernt haben, das lag im Blut. Als Paganini bei seinem Sensationsgastspiel ganz Wien auf den Kopf stellte, komponierte Strauß einen Paganini-Walzer (op. 11) und spielte dem Hexengeiger eine Reihe seiner Virtuosen-Stücke, wie etwa das berühmte Glöckchen-Rondo, nach. „Nun konnten diejenigen", so schrieb ein Zeitgenosse, „die Paganini wegen der zu hohen Preise nicht zu hören imstande waren, seinen Doppelgänger beinahe umsonst hören."

Aus allen Berichten geht hervor, daß Strauß dämonische Kräfte besaß, die häufig die Nachtseiten der menschlichen Natur streiften. Die Zeitgenossen, die ihm nahestanden, nannten ihn ein „unstetes Gemüt". Seine zündenden Rhythmen drängten selbst das Gespenst der Cholera, die 1832 in der Donaustadt wütete, glatt an die Wand. Der neunzehnjährige *Richard Wagner,* der um diese Zeit nach Wien kam, um im Theater in der Josephstadt Herolds „Zampa" zu hören, erlebte, wie in den benachbarten Sträußelsälen – den heutigen Pausenräumen des Theaters – Johann

Strauß das zum Bersten gefüllte Haus „ in Flammen versetzte“. „Unvergeßlich blieb mir“, so berichtet er, „die an Raserei grenzende Begeisterung des wunderlichen Johann Strauß. Dieser Dämon des musikalischen Wiener Volksgeistes erzitterte beim Beginn eines neuen Walzers wie eine Pythia auf dem Dreifuß, und ein wahres Wonnegewieher des wirklich mehr von seiner Musik als von den genossenen Getränken berauschten Auditoriums trieb die Begeisterung des zauberischen Vorgeigers auf eine für mich fast beängstigende Höhe.“

Strauß Vater war ein Organisationsgenie. Er war einer der ersten Musiker, der die Bedeutung der Propaganda erkannte, aber auch die Fähigkeit besaß, die Unterhaltungsmusik zu kommerzialisieren. Er ließ Plakate und Flugzettel drucken, gab großzügig Inserate auf, bestach die Presse, vor allem Bäuerle mit seiner „Theaterzeitung“, und ersann Damenspenden für seine Tänzerinnen. Das hohe finanzielle Risiko seiner splendiden Tanzfeste nahm er bedenkenlos auf sich. Dabei ging es um Tausende von Gulden, die durch die Einnahmen nicht immer gedeckt wurden. Der „Seifensieder“ bekam allein für seine „gelieferten Lampen“ – es waren Kerzen oder Öllampen – an die tausend Gulden. Der tägliche Lichtverbrauch in Fischers „Odeon“ betrug 10 Zentner Kerzen. Und Strauß sorgte dafür, daß seine Gäste – es waren oft an die 6000! – mit einem fulminanten Feuerwerk verabschiedet wurden.

Beleuchtungsingenieur, Kassenverwalter und Manager zugleich, war Karl Friedrich Hirsch, wegen der ungezählten „Lamperln“, die er installierte, von den Wienern „Lamperl-Hirsch“ genannt, ein trefflicher

Musiker, der sich selbst im Komponieren versuchte und sogar bei Beethoven Unterricht genommen haben soll. Eine seiner Abrechnungen, die Kostenaufstellung eines Straußschen Sommerfestes in der „Brühl", bei der auch Franz Liszt mitgewirkt haben soll, lautet: Beleuchtung 700 Gulden, Inserate 100 Gulden, Polizei 90 Gulden, Plakate, Flugzettel etz. 80 Gulden, Fahrgelder 30 Gulden. – Einnahmen 2.800, Ausgaben 2.500 Gulden. Reingewinn 300 Gulden. Herzlich wenig für den enormen Aufwand an Energie! Bei den Mammut-Festen, die Strauß gab, beliefen sich die Kosten für Dekoration und Beleuchtung – nach Hirschs eigenen Angaben – auf siebentausend bis achttausend Gulden. Das war siebenmal soviel wie das Orchester kostete.

1833 hatte Strauß Vater bereits Wien erobert. Jeder seiner Walzer, so jubelte die zeitgenössische Presse, „ist ein Feuerwerk. Alles platzt, nichts verpufft, alles zündet!" Längst waren seine Tänze auch „draussen" bekanntgeworden. Nun zogen sie ihren Schöpfer nach. Sein erster Auftritt jenseits der Stadtgrenze fand im Herbst 1833 in Budapest statt. „Kaum betrat dieser Mozart der Walzer, der Beethoven der Cotillons, der Paganini der Galoppe, der Rossini der Potpourris die Tribüne, als ein reißender Bergstrom von Applaus von allen Ecken heranstürmte", so lautete das Echo der Kritik. „Herr Strauß hatte mit ungewöhnlicher Erwartung zu kämpfen und siegte mit dem ersten Bogenstrich." Es war sein erster entscheidender Sieg außerhalb Wiens.

Und nun begann das hastige Vorwärtsstürzen, das für Vater Strauß' Leben so bezeichnend ist. Im Gegensatz zu Lanner, der den Boden seiner Vaterstadt nur selten verließ – seine weitesten Reisen waren Graz, Budapest und Mailand – zog es Strauß mächtig über die Grenzen der engeren Heimat hinaus. Seine erste Konzertreise durch Deutschland wurde ein rauschender Triumphzug. In München musizierte er zum 25. Oktoberfest. „Nicht leicht kann man sich einer so enthusiastischen Aufnahme eines Tonkünstlers erinnern; der Beifall war oft bis zum Rasen", so berichtete der Korrespondent der „Theaterzeitung" und die deutsche Presse stimmte begeistert mit ein: „Die Wiener haben recht, es gibt nur einen Strauß! So ein Mann war nicht und kommt nicht wieder." Die Berliner aber stellten lachend fest: „Nu seht mal, da hat der Strauß mit eens unsre juten Baliner allens in Wiener umjemetamorphosiert!"

In Dresden war schon am Vormittag der Andrang zur Vorverkaufskasse so groß, daß die Polizei einschreiten mußte. Und jetzt schrieb auch der „Sammler", reumütig bekehrt: „Diese südliche Glut, mit der Strauß und sein Orchesterpersonale spielten, übertraf jede Erwartung!" Er schwärmte vom „harmonischen Einklang", von der „Virtuosität der einzelnen Blas- und Streichinstrumente" und nannte Strauß einen „musikalischen Phönix".

Wieder ein Fasching in Wien. Strauß wird zum Kapellmeister des Ersten Bürgerregiments bestellt und kann wenige Monate später die Leitung der Hofbälle übernehmen. Hier löste er Lanner ab, der seit 1829 die Stelle des k. k. Hofballmusikdirektors bekleidete, aber durch seine salopp-gemütliche Art in Ungnade gefallen war. Während Strauß seinen Musikern den Alkohol vor und während des Musizierens streng verboten hatte, kam Lanner wiederholt schon etwas angeduselt zum Dienst. Bei einem dieser Hofbälle geschah es, daß ihn die künftige Kaiserin-Mutter, Erzherzogin Sophie, ansprach: „Heut' haben Sie sich aber ordentlich geplagt", worauf Lanner seinen Frack lüftete und auf seine Achselhöhle hinwies: „Da schaun S' her wiari schwitz!"

Und dann abermals über Deutschland, diesmal bis Brüssel und Amsterdam. Johann Thyam, ein Klarinettist der Kapelle, der über die Konzertreisen von 1835 bis 1838 gewissenhaft Buch geführt hat, verzeichnet für 1835 in 54 Tagen 27 Konzerte und 12 Bälle in über 20 Städten. Im Jahr zuvor musizierte die Kapelle im Berliner Kgl. Schauspielhaus und – vor dem versammelten Hof und in Gegenwart des russischen Zaren – im Palais des Prinzen Wilhelm von Preußen. Der Rezensent des Berliner „Figaro" überschlug sich förmlich vor Begeisterung: „Ich bin so fröhlich, so selig froh, daß ich die ganze Welt ans Herz drücken möchte! Und warum? Weil ich ihn, Johann Strauß, gehört. Strauß ist ein musikalisches Phänomen."

Von Brüssel, wo die Presse schwärmte: „Der Walzerkönig konnte mit Stolz ausrufen: Wien ist nicht bloß Wien, auch dort ist's, wo ich bin." – von Brüssel war der Schritt nach Paris nicht mehr weit. Strauß, der Ehrgeizige, Fiebernde, wagt ihn und er gelingt. Bei seinem ersten Konzert in der französischen Hauptstadt saßen Könige der Pariser Musik, Auber, Cherubini, Berlioz im Parkett und zollten dem bleichen Mann, der so interessant und anziehend unfranzösisch geigte, ihren Beifall. Auber warf ihm Veilchen aufs Podium und Berlioz schrieb seinen überschwenglichen Aufsatz, in dem er von einem „musikalischen Ereignis" sprach und von der „Vollendung, dem Feuer, der Intelligenz und dem großen Gefühl für Rhythmus, das dieses Orchester mitbringt".

Hektor Berlioz verdanken wir auch die präzisen fachmännischen Angaben über die Zusammensetzung und Eigenart des Strauß-Orchesters: „Es sind 26 Künstler, die Strauß von Wien nach Paris brachte. Vier erste, vier zweite Violinen, ein Violoncello, zwei Kontrabässe, zwei Flöten, zwei Klarinetten, eine Oboe, ein Fagott, zwei Trompeten, zwei Hörner, ein Kornett, eine Posaune, eine Pauke, eine Harfe und die große Trommel. Da aber die meisten dieser Künstler mehrere Instrumente besitzen und sie mit größter Schnelligkeit wechseln, ergibt sich aus der raschen Folge, mit der Strauß Licht und Schatten verteilt, daß sein kleines Orchester oft doppelt so groß erscheint."

Berlioz schwärmt dann von dem bemerkenswerten Können der Blechbläser, der außerordentlichen Weichheit der Klarinetten, von der Modulationsfähigkeit der Violinen und der genialen Präzision ihres Bogenstrichs, und setzt fort: „Strauß' Musiker sind viel geübter, Schwierigkeiten des rhythmischen Wechsels zu überwinden als unsere Musiker. Die Walzer, die sie vortragen, sind schwer zu spielen, aber die Wiener beherrschen das mit Leichtigkeit. Die pikanten rhythmischen Spielereien gewinnen durch sie höchsten Reiz." – Der verzögerte Auftakt – das „Heberte", wie es Strauß Sohn später nannte und wie es seither in Wien heißt –, die ungleiche Länge der einzelnen Viertel im Dreivierteltakt, das tänzerische Rubato – das alles war nicht nur für Berlioz, sondern auch wohl für die Pariser völlig neu.

Louis Philipp lud den Walzerkönig an seinen Hof. Nach dem Konzert schüttelte der Bürgerkönig dem bescheidenen Gast beide Hände und sprach von der Ehre, die ihm Strauß erwiesen habe. Damit war der Zugang zur höchsten Pariser Gesellschaft aufgestoßen. Strauß wurde zum Mittelpunkt rauschender Feste. Seine Musiker zählten nicht weniger als 86 Konzerte und Bälle, die er dirigierte. Beim „Ball der Stadt Paris", dem größten Maskenball des französischen Faschings, hatten Unmaskierte keinen Zutritt, auch die Musiker mußten sich verkleiden. Strauß aber weigerte sich standhaft, sich und seine Musiker als schwarze Dominos zu maskieren. Sie musizierten im Frack und – die Pariser respektierten seinen Stolz. Strauß bedankte sich mit einem Galopp „Le Carneval de Paris", dessen Noten er mit eigenhändiger Widmung „An die schönen Pariserinnen" als Damenspende verteilen ließ.

Philippe Musard, der Quadrillen-König, lud Strauß zu gemeinsamem Musizieren ein. Strauß mußte vor der Pause spielen, den effektvollen zweiten Teil mit dem Schlußapplaus behielt sich Musard vor. Er dirigierte sechzig Mann, Strauß kaum die Hälfte. Aber Musards Rechnung ging nicht auf: immer häufiger kam es vor, daß die Pariser nach der Pause sich verdünnten. Strauß revanchierte sich auf seine Weise: er bat Musard, in seinem Orchester als gemeiner Geiger mitspielen zu dürfen, um von ihm die Quadrille zu erlernen. So endete das Abenteuer in schönster Harmonie. Strauß aber brachte den Wienern als reizvolle Gabe einen neuen Tanz mit: die Quadrille. Seine erste, die „Wiener Karnevals-Quadrille", war sein Opus 125. Insgesamt hat er fast vierzig Quadrillen geschrieben.

Der reisende Strauß zog einen ganzen Schwanz von Nachahmern hinter sich her. Die Öffentlichkeit stellte erheitert fest: überall würden „Straußeneier ausgebrütet und zahllose Imitatoren des Meisters schlüpften aus den Schalen". Auch Paris hatte seinen eigenen Strauß, der fleißig Walzer komponierte und sogar denselben Namen führte, wie Berlioz bestätigte. Eine Pariser Bühne brachte flugs ein neues Stück auf die Bühne: „Strauß und Wien". Eines Abends stellte sich ein unheimlich hagerer, bleicher Zuhörer mit düster glimmenden Augen ein, trat ans Podium, umarmte Strauß und krächzte mühsam: „Ich freue mich, den Mann kennenzulernen, der so viel Freude in die Welt gebracht hat!" Es war Paganini, der Teufelsgeiger. Und es war wohl sein letzter Auftritt in der Öffentlichkeit. Achtzehn Monate später erlag er seinem Kehlkopfleiden.

Während die Musiker fleißig und voll Stolz nach Hause schrieben, – „Wir haben gesiegt! Und was kostet die große Schlacht, die unser Meister mit seinem Taktstock schlug? Einige Roßhaare, Kolofonium für einen Sous und einige tüchtige Blaser aus vollen Backen" – ist von Vater Strauß kein Brief und kein Zeugnis davon erhalten, daß er an die Gattin oder an die Familie Berichte gesandt hätte. Er schrieb auch nicht vom Brand der Italienischen Oper in Paris, bei dem sie alle sich in Feuerwehrleute verwandelten. Anderntags konnte man in der Pariser Presse lesen, wie Strauß „die große Feuerspritze dirigiert habe, während seine Männer wie die Verzweifelten pumpten".

Aber Strauß hielt es in Frankreich nicht mehr; der Erfolg berauschte ihn, die Welle des Ruhms riß ihn mit sich fort. Drüben, über dem Wasser, die britische Insel, die lockte und zog ihn magisch an. Die Musiker meuterten. Sie wollten heim. Strauß, der Tyrann, blieb hart, ließ ziehen, was ziehen wollte – es waren schließlich doch nicht mehr als vier Mann – mit dem Rest setzte er in der Nacht vom 11. zum 12. April 1838 bei Mondschein und Meeresstille über den Kanal.

Nun muß gesagt werden, daß Strauß wohl ein unerbittlicher, gestrenger, konzessionsloser und herrischer Kapellmeister war. Als etwa der getreue, verläßliche Konzertmeister Amon einmal bei einer Probe danebengriff, schnauzte er ihn vor allen Kollegen an: „Soll i Ihna vielleicht an Sand aufstreu'n, daß S' net ausrutschen, Sie Patzer!" Andererseits aber war er seinen Leuten ein großzügiger Chef. Die Nachricht, die einer seiner Musiker nach Wien sandte, gibt Zeugnis davon: „Strauß mietet jedesmal die nobelsten Hotels, die besten Tables d'hote, wo oft so viele und mannigfaltige Gerichte sind, daß viele von uns nicht wissen, ob die Speise gegessen oder getrunken werden muß. Für jede Bequemlichkeit ist dergestalt gesorgt, daß der reiche Reisende es kaum besser haben kann. In Paris bewohnten wir ein ganzes Hotel, durch volle vier Monate ... Strauß mußte" – wegen des strengen Winters – „alle Zimmer heizen lassen. Er bezahlte für das Holz allein manchen Tag 60 – 80 Franken." Also gewann Strauß „in Paris sehr viel Ehre, aber verdammt wenig Geld."

Am fünften Tag nach seiner Ankunft in London gab Strauß sein erstes Konzert „bei sehr geringem Interesse seitens der Engländer", wie der Musiker Thyam verzeichnet. Unter ihnen aber befand sich der Kritiker der „Morning Post" und dort erschien am andern Morgen ein Sensationsbericht, der sich förmlich überschlug vor Begeisterung: „So perfekt hat man diesseits des Kanals noch nie eine Kapelle gehört. Die Vollkommenheit eines solchen Ensembles haben unsere Orchester nie erreicht. Die Sicherheit, die Schärfe, die exquisite Präzision, mit der jede Passage gemeistert wird, kann nur das Ergebnis gewissenhaftester und strengster Übung sein ..." – Damit war das Eis gebrochen. Die Londoner drängten sich in sein nächstes Konzert und schon kam die Einladung an den Hof.

Sein erster Auftritt im Königsschloß fand am 10. Mai statt. Die „Theaterzeitung" verrät den erstaunten Wienern das sensationelle Honorar: zweihundertfünfzig Pfund Sterling! Das war das Signal für die „High society", die Strauß in einen Wirbel von Verpflichtungen stürzte: Bälle, Konzerte, Unterhaltungen... Beim Krönungsball im Palais des Fürsten Schwarzenberg in Richmond nahmen der Hausherr und sein „Kollege" Fürst Esterhazy Strauß in ihre Mitte und verkündeten der österreichischen Gemeinde fröhlich: „Jetzt sind die fidelen Wiener alle beisammen, jetzt wollen wir den Engländern zeigen, was wir können!"

Strauß zeigte es: er verneigte sich vor der jungen Monarchin mit einer musikalischen „Huldigung an die Königin Viktoria von Großbritannien", deren Dreivierteltakt in „God save the Queen" mündete. Und Viktoria soll den Walzer nicht nur huldvoll angenommen, sondern auch getanzt haben. Spätestens damit waren die beiden Emporkömmlinge – der Walzer und der Strauß – hoffähig geworden.

Insgesamt dirigierte Strauß in London rund 20 Nobelbälle, darunter neun bei Hof. Die Einnahmen sollen schließlich 50000 Pfund betragen haben, eine kosmische Summe, die Strauß mit offenen Händen an seine Musiker weitergab und in glanzvolle Feste investierte. Was er davon etwa an die Familie heimgesandt hat, ist unbekannt. Jetzt wäre jedenfalls für ihn die Zeit gewesen, befriedigt heimzukehren. Aber er dachte nicht daran. Seine folgende Hetzjagd kreuz und quer durch die Insel, von Birmingham über Dublin bis Portsmouth und Southampton, hat etwas Unheimliches. Ein Dämon scheint ihn zu treiben. Längst ist die Nacht zum Tag geworden. Schläft er überhaupt noch? Wien scheint völlig vergessen. Er hat das Konzertfieber, meinen die Musiker erschrocken. Sie zählen bereits 72 Konzerte in vier Monaten. Bald wird es ein Jahr, daß man von daheim fort war! Sie protestieren, sie meutern wieder..., aber der Effekt ist gering. Strauß entschließt sich wenigstens, auf den Kontinent zurückzukehren. Aber dort wird weiter konzertiert. Und dann wieder zurück nach England – abermals Portsmouth und Southampton, dazu Reading, Cheltenham, Leamington, Worcester, Leicester.

Nur mit Mühe erreicht man Calais und hier gibt Strauß wieder ein Konzert. Es ist sein vorläufig letztes. Ohnmächtig bricht er am Pult zusammen. Nervenfieber, konstatieren die Ärzte. Die verzeifelten Musiker bringen einen todkranken Walzerkönig heim. In Straßburg liegt er vier Tage ohne Besinnung. In München muß man ihn von der Post ins Hotel tragen. Und dann meldet die „Theaterzeitung" ihren Lesern: „Strauß ist endlich in Wien angekommen, aber so leidend, daß es geraume Zeit bedürfen wird, ihn vollkommen gesund zu machen. So bald wird er öffentlich nicht spielen."

KAPITEL II

Hie Vater – hie Sohn

DER SENIOR AUF ABWEGEN – SCHANIS DEBUT BEIM DOMMAYER – DIE 48er REVOLUTION UND VATERS TOD

Vierzehn Tage nach dem Zusammenbruch in Calais stand Strauß wieder am Pult, dirigierte beim „Sperl“ und in der russischen Botschaft. Dort brach er neuerdings zusammen. Jetzt stellten die Ärzte Nierengeschwüre fest. – Nun lag der Unermüdliche, der eben noch auf dem Gipfel seines Weltruhms gestanden, tatenlos ans Bett gefesselt, eingeengt in die kleinbürgerliche Welt des „Hirschenhauses“, eines parteienreichen Zinshauses in der Leopoldstadt, wo seit 1834 seine Familie hauste, die ihm längst fremd geworden war. Von der er faktisch getrennt lebte, obgleich er immer noch im selben Haus, freilich abgesondert, wohnte. Sein eigentliches Heim lag drüben in der Kumpfgasse bei der „andern“, zu der ihn eine unglückliche Leidenschaft hinzog und die ihm gleichfalls reichen Nachwuchs bescherte.

Emilie Trampusch – der Name könnte von Nestroy sein –, eine kleine Wiener Modistin, war 19, als Strauß sie auf einem Ball kennenlernte und sich in sie verliebte. Als Tochter eines Wundarztes vermutlich in Mähren geboren, hat sie den Biographen manches Rätsel aufgegeben. Irgend etwas muß an ihr gewesen sein, was den Magier mit der Geige, den Bezauberer der Frauen, selbst bezauberte. Heinrich Eduard Jacob rühmt an ihr: „Hübsches Wiener Gesicht, lebhafte Augen, lächelnde Stirn, bewegliche Hüften“ – aber das ist reine Phantasie, es gibt kein Bild von ihr. Kurt Pahlen macht aus ihr sogar das „süße Wiener Mädel“, wie es erst viele Jahre später durch Arthur Schnitzler in die Literatur und damit in die Unsterblichkeit eingegangen ist. Das süße Wiener Mädel, das dem gehetzten

Dämon Strauß in ihrer Naivität und natürlichen Zärtlichkeit jenen „Ruhepunkt“ bot, den er sonst weder in seinem Beruf, noch im Hirschenhaus bei seiner Familie fand, von seinem Naturell ganz zu schweigen. Das ist die poetische Version eines feinsinnigen Biographen, die in ihrer positiven Schau etwas Bestechendes hat. Aus einer „hübschen Schlampe“ wird ein blühendes Wesen, ein Mädel aus dem Volk, das den Eroberer mit seinem Charme, der „weichen Anmut eines Frühlingsabends“ - wie es Schnitzler formuliert - erobert und in Bann hält. - Ein hübsches Märchen...

Strauß lebte fünfzehn Jahre mit ihr und sie schenkte ihrem Liebhaber in neun Jahren - von 1835 bis 1844 - sieben illegale Kinder, vier Mädchen und drei Buben, von denen zwei die ersten Tage nicht überlebten. Die Wiener Tratschsucht wollte wissen, daß Strauß das „schlamperte Verhältnis zur Trampusch“ ein Vermögen gekostet und Emilie ihn gehörig ausgebeutet habe. Fritz Lange hat dieses Gerücht in seine Biographie mit aufgenommen: „Ihre Putzsüchtigkeit nahm mit der Zeit ungeheure Dimensionen an. Eine eigene Leidenschaft besaß sie für Brillanten und kostbares Geschmeide.“ Beleg gibt es dafür keinen. Freilich, über ein Jahr nach dem Tod von Johann Strauß gebar Emilie noch ein Kind, dessen Vater sie nicht angeben konnte, und bestätigte damit, daß ihr doch wohl etwas „Schlampertes“ anhaften mußte.

Auf dem Krankenlager hatte Strauß viel Zeit, über sich und sein Leben nachzudenken. Und er stellte vielleicht verwundert fest, daß er auch im Hirschenhaus eine kopfreiche Familie besaß. Anna hatte ihm sechs Kinder geboren, indeß sie die ständigen aufreibenden Wohnungswechsel mit Umsicht und Energie besorgt hatte. In der ersten Wohnung in St. Ulrich kam am 28. Oktober 1825 der Älteste, Johann Baptist, zur Welt, dazu gesellte sich in Mariahilf am 20. August 1827 der Zweitgeborene, Josef. Es folgten zwei Schwestern, Anna (1829) und Therese (1831) und nach den beiden Mädchen kam noch ein Knabe, Ferdinand, der aber schon nach 10 Monaten am „hitzigen Wasserkopf" starb. Am 15. März 1835 erschien der Spätling, Eduard, bereits im Hirschenhaus geboren, das die Familie noch rund fünf Jahrzehnte bewohnte. Es muß für Anna eine der bittersten Stunden gewesen sein, als sie erfuhr, daß zwei Monate nach Edis Geburt auch die „andere" ein Kind ihres Gatten zur Welt brachte.

1844 reichte Anna die Scheidung ein; es dauerte aber noch zwei Jahre, bis ihr endlich stattgegeben wurde. Erst jetzt verließ der Vater das Hirschenhaus und zog endgültig zur Trampusch, machte aber mit seinen monatlichen Alimenten-Zahlungen von 500 Gulden seine Autorität und seinen Einfluß auf die Erziehung der Kinder weiterhin geltend. Das betraf vor allem die berufliche Zukunft seiner Söhne, die er im Grunde gar nicht kannte: „Und das habe ich schon herausgekriegt, ihr habt alle keine Spur von Talent!"

Während Strauß langsam genas, zog er in Gedanken die Summe seines bisherigen Daseins. Und er stellte bei sich fest, daß es bloß Mühe und Arbeit gewesen. Reichtümer hatte er dafür keine erworben. Nein, seine Söhne sollten es besser haben! Ein gesichertes, weniger aufreibendes, bürgerlich-anständiges Leben. Johann sollte Kaufmann, Josef Offizier werden, jedenfalls alles andere, nur keine Musiker!

Johann der Jüngere, der „Schani“, wie ihn die Mutter zärtlich nannte, war acht Jahre alt, als die Familie 1834 ins Hirschenhaus einzog, 11jährig bezog er das Schottengymnasium. Mit den empfindsamen Nerven eines frühreifen Kindes spürte er die Gewitterspannung im Haus. Der Vater hatte sein Berufsleben stets von seinem privaten Leben streng getrennt. Hatte die Mutter niemals auf Reisen mitgenommen, wohl nicht einmal auf einen Ball. Heimlich und ohne sein Wissen war sie hie und da in eines seiner Konzerte geschlichen, mit Schani, der atemlos zuhörte. Den Weihnachtsabend verbrachte der Vater im Wirtshaus beim Hasardspiel. Einmal wurde er deshalb sogar von der Polizei zu einer Geldstrafe von 900 Gulden verurteilt. Dafür blieb er später immer häufiger die Alimente schuldig. Mutter Anna, die Betrogene, Verratene, kämpfte mit allen Mitteln. So ließ sie etwa 1846 nicht nur seine fixen Einkünfte pfänden, sondern auch noch seine Bürgergarde-Uniform gerichtlich sperren, so daß Strauß in aller Form um deren Freigabe ansuchen mußte. Schani hat später bekannt, er wisse „von seiner Jugend so wenig Gutes zu sagen, daß er am liebsten davon schweigen möchte“.

Er hat darüber nicht geschwiegen; er hat vielmehr später – als er reichlich Abstand gewonnen hatte – ausführlich darüber erzählt: „Der Vater hatte selten eine Ahnung, was in der Familie geschah. Nun ließ er uns zwar Unterricht im Klavier geben, mir und meinem Bruder Pepi, aber er glaubte, wir klimperten eben so schlecht und recht wie Dilettanten ... Die Proben zu seinen Konzerten wurden in der Wohnung abgehalten. Wir Buben paßten genau auf jede Note, wir lebten uns in seinen Chic ein, und zu vier Händen spielten wir dann nach, was wir erlauscht hatten: flott, ganz in seinem Geist. Er war unser Idol."

„Wir waren oft in angesehene Familien eingeladen", erzählt Johann der Jüngere weiter, - „und da spielten wir dann unter großem Beifall aus dem Gedächtnis die Kompositionen unseres Vaters. Eines schönen Tages gratulierte ihm ein Bekannter zu unseren Erfolgen. Er war nicht wenig erstaunt. ‚Die Buben sollen herüberkommen!', entschied er kurz. Wir schlichen, nichts Gutes ahnend, in das Zimmer unseres Vaters. In kurzen Worten setzte er uns auseinander, was er gehört hatte, und befahl uns, ihm vorzuspielen. Er hatte ein aufrecht stehendes Klavier. Pepi erklärte, auf so einem Klavier könnten wir unmöglich spielen. ‚Was?' rief er uns zu. ‚Na schön - der Flügel aus unserer Wohnung soll her!' - Der Flügel wurde gebracht, und nun spielten wir, daß es eine Art hatte. Alle Orchesterstimmen brachten wir zu Gehör. Lächelnd hörte uns der Vater zu und man sah ihm das Vergnügen und die Rührung vom Gesicht ab. ‚Buben, das spielt euch niemand nach!' - das war alles, was er sagte."

Trotzdem - es klingt unwahrscheinlich - verbot er den „Buben" strikte jedwedes Musikstudium. Eifersucht war es nicht - damals noch nicht. Wohl eher das Ergebnis seiner wirtschaftlichen Erfahrungen. An die Hoffnung, daß sich seine eigene Begabung und damit sein Erfolg und sein Ruhm wiederholen könnten, glaubte er nicht, konnte er nicht glauben. Das konnte nur die Mutter, die der Vater verraten hatte und die den Sohn desto inniger liebte. Er, der Stammhalter - auch er ein Johann Strauß - sollte gutmachen, vergelten, was der Vater an ihr verschuldet hatte. Heimlich steckte sie ihm eine Geige zu, heimlich schickte sie ihn

3 Anna Strauß, geb. Streim

4/5 Joh. Strauß Vater: Titelblatt der Odeon-Tänze und Klavierauszug zum Radetzky-Marsch

zu dem väterlichen Konzertmeister Amon in den Unterricht. Als der Vater den Jungen eines Tages beim Geigenspiel ertappte, da, – doch lassen wir den Sohn lieber selbst erzählen.

„Ich lernte auf eigene Faust Violine. Um meinen Lehrer bezahlen zu können, gab ich Klavierstunden. Nun sagte mir mein Lehrer, ich müsse immer vor dem Spiegel üben, um mir eine elegante Haltung und schöne Bogenführung anzugewöhnen ... Na, ich befolgte diese Lehre getreulich. Eines Tages stehe ich wieder vor dem Spiegel und geige drauf los – da tut sich die Tür auf und herein tritt mein Vater. ‚Was', schreit er ‚du spielst Geige?!' – Er hatte keine Ahnung davon gehabt. Durch einen Zufall kam er darauf, daß ich Berufsmusiker werden wollte. Es gab daraufhin eine heftige und recht unerquickliche Szene."

Der Vater nahm ihm die Geige fort und versperrte sie. Aber schon am nächsten Tag brachte ihm die Mutter eine andere Geige, es soll sogar eines der Instrumente des Vaters gewesen sein. Auf dessen Befehl bezog Schani das Polytechnikum, eine Art Handelsschule, um das Bankfach zu erlernen. Aber sein Lerneifer war mäßig und seine Gedanken waren ganz woanders. Als einmal einer seiner Kameraden ein Notenheft in die Schule brachte und ihn bat, ihm eine Stelle vorzusummen, mit der er nicht zurechtkam, da vergaß der Schani völlig, wo er war und begann während des Unterrichts laut zu singen. Und wurde deshalb relegiert – so streng waren die Sitten damals. Schani aber frohlockte. Der Vater verordnete ihm zwar noch Privatstunden bei dem Sparkassen-Buchhalter Ludwig Scheyrer, der gemeinsam mit dem Flötisten Reichmann die erste Strauß-Biographie schrieb, aber die schwänzte der Schani einfach. Der Weg zu seinem Ziel war frei!

Es war ein Ziel, das die Mutter mit allen Kräften förderte. Schon vor Jahren hatte sie den ersten musikalischen Flügelschlag des Sechsjährigen sorgsam festgehalten. In Salmannsdorf, einem grünen Vorort von Wien, besaß Großvater Streim ein Häuschen mit Wiese und Weingarten; er hatte es 1826 um 1.200 Gulden gekauft. Hier verbrachte die Mutter mit ihren Kindern die „Sommerfrische“. Hier stand ein kleines Tafelklavier, auf dem der Kleine seine Versuche machte. Einen davon hat Mutter Anna aufgezeichnet. Er ist später unter dem Titel „Der erste Gedanke“ erschienen. Das Häuschen steht heute noch wie damals und eine Tafel verrät dem Beschauer mit einem naiven Vierzeiler die Geschichte:

„Hier hat ein großer Musikant,
Der Meister Strauß ist er benannt,
Den ersten Walzer komponiert
Und damit dieses Haus geziert.“

Die Mutter sorgte auch für einen geregelten Musikunterricht. Schanis erster und einziger Theorielehrer war der populäre Josef Drechsler, der mit seinen Liedweisen und seiner Zwischentaktmusik zu Raimunds Märchenspielen in die Musik-und Literaturgeschichte eingegangen ist. Sein treuherziges „Brüderlein fein“ (im Dreiviertel-Takt!) war bereits zum Volkslied geworden. Später freilich bekleidete er das würdige Amt des Domkapellmeisters von St. Stephan und hatte der weltlichen Musik längst ade gesagt. Also wollte er auch aus dem jungen Strauß einen geistlichen Komponisten machen. Und so saß Schani grübelnd über einer Gradualmusik für Bläser und vier Singstimmen „Tu qui regis totum orbem - Du, der Du den ganzen Erdkreis regierst", die sogar - in der Kirche am Hof „Zu den neun Engelschören" - aufgeführt wurde. Merkwürdig genug: der künftige Walzerkönig Nr. 2 begann mit Kirchenmusik!

Aber das Blut ließ sich nicht verleugnen. Schon einmal waren dem Jungen an der Orgel zum Entsetzen des Meßners unwillkürlich flotte Tanzrhythmen unter die Finger gekommen. Und nun mag es wohl für Drechsler eine herbe Enttäuschung gewesen sein, als ihm der Schüler gestand, daß er Tanzkomponist werden wolle. „Na, so gengan S' halt", soll er resigniert gesagt haben, „und schreiben S' Walzer wie Ihnerer Vater - dazu hätten S' freilich kan Kontrapunkt net 'braucht." Gleichwohl gab er dem Fahnenflüchtigen ein warmherziges Empfehlungsschreiben mit, in dem er die Überzeugung aussprach, der Junge werde bei seinem Fleiß, seinem angeborenen Talent und seiner leidenschaftlichen Vorliebe für das Metier nicht auf dieser Stufe stehenbleiben, sondern stets vorwärtsschreiten.

Dieses Schreiben schloß Schani seinem Gesuch bei der Behörde bei. Und als Befähigungsnachweis legte er - ein kleiner Witz der Musikgeschichte - seine Kirchenkomposition dazu.

„Ich bin gesonnen, mit einem Orchester von 12 bis 15 Personen zu spielen, in Gastlokalitäten und zwar beim Dommayer in Hietzing, welcher mir bereits die Zusicherung machte, daß ich dort Musikunterhaltungen abhalten könne." So lautete Schanis Ansuchen an die Behörde. Der Dommayer war, im Gegensatz zum Sperl, ein kleines aber nobles Lokal. Hier war Lanner musikalisch daheim, hier hatte er seinen schönsten Walzer, „Die Schönbrunner", erstaufgeführt, hier war er zum letzten Mal öffentlich aufgetreten. Der Schani aber war erst achtzehn und also noch minderjährig. Da lag die Gefahr. Doch der Wiener Magistrat erwies sich als großzügig und verzichtete auf die Zustimmung des Vaters, „da dieser Erwerbszweig eine freie Beschäftigung ist und deshalb weder die Großjährigkeit, noch im Falle der Minderjährigkeit die väterliche Einwilligung hierzu erfordert wird". Der Magistrat verständigte deshalb auch den Vater gar nicht und – gab die Bewilligung.

Schani stürzte sich mit Feuereifer in die Arbeit. Im Musikantenbeisl „Zur Stadt Belgrad" auf dem Josefstädter Glacis fand er, was er brauchte: zwei Dutzend bewährte Bläser und Geiger. Mit ihnen probte er Tag und Nacht – Gewerkschaft gab es noch keine – im Gasthaus „Zur blauen Gans" und schrieb zwischendurch seine ersten Tänze. Das gehörte dazu. Erst der eigene Walzer legitimierte den Wiener Tanzkapellmeister. Als es – in nur acht Tagen! – soweit war, hatte er immerhin vier Walzer, drei Polkas und zwei Quadrillen im Gepäck. Sonntag den 13. Oktober 1844 erschienen die ersten Anzeigen und Plakate. Erstaunt konnten die Wiener lesen, daß „Johann Strauß Sohn" am 15. „selbst bey ungünstiger Witterung" in Dommayers Kasino „die Ehre haben werde, zum ersten Male sein eigenes Orchester zu dirigieren und, nebst verschiedenen Ouvertüren und Opernpiécen, auch mehrere seiner eigenen Compositionen vorzutragen".

Auch der Vater konnte es lesen. Was er dabei dachte oder fühlte, weiß niemand. Sein Ausspruch: „Jetzt will der Mistbub auch Walzer schreiben, wo er keinen

Dunst davon hat!", ist überliefert, wenn auch nicht verbürgt. Er verschanzte sich in der Kumpfgasse, wohin er nun endgültig übersiedelte. Wie er dort – in einem finsteren Zimmer-und-Küche-Loch – mit ihren, seinen fünf Kindern überhaupt hausen konnte, bleibt rätselhaft. Die frühen Biographen behaupten, daß er den Lamperl-Hirsch zu allen Besitzern der von ihm bespielten Tanz- und Vergnügungslokale geschickt haben soll, um durch Drohung zu verhindern, daß sie dem Schani ihre Lokalitäten zur Verfügung stellen. Nur der Dommayer habe sich davon nicht beeindrukken lassen. Beweis gibt es dafür keinen. In Wien aber kam es zu heftigen Auseinandersetzungen. Die Mehrheit stellte sich auf die Seite des Vaters: was der Sohn da betreibe, mit dem Ruf und dem Namen seines Vaters Geld zu verdienen, sei glatter Betrug. Darum sei auch das „Sohn" oder „junior" im Druck so klein geraten.

Der Vertrag, mit dem der Sohn die Musiker an sich band, mutet erstaunlich fortschrittlich an und zeugt vom Selbstbewußtsein und der Autorität des 18jährigen Kapellmeisters. Die wichtigste Anordnung: Dienstvernachlässigung, übles Betragen oder Widerspenstigkeit gegen die Anordnungen des Kapellmeisters, „so wie der nicht zu gewärtigende Fall der Trunkenheit ... berechtigt den Herrn Kapellmeister Strauß zu alsogleicher Entlassung des Fehlenden". Alle 24 Musiker unterschrieben den rigorosen Vertrag.

Und dann kam der denkwürdige 15. Oktober 1844. Schon am Nachmittag war halb Wien unterwegs nach Hietzing. Die Sensation wollte keiner versäumen. Der Dommayer ist zum Bersten voll, Hunderte und Aberhunderte finden keinen Zutritt. An Tanzen ist nicht zu denken. Der Kritiker Wiest zog seinen Stift und notierte: „Ein Tisch war diesmal schwieriger zu erkämpfen als ein Sitz im englischen Oberhaus…“ Und da stand er auch schon auf dem Podium mit der Geige in der Hand, schlank und blaß wie der Vater, dasselbe Feuer in den Augen, nur weicher die Züge, eleganter die Bewegungen. Und Wiest notierte weiter: „…er wird mit einem Beifallssturm empfangen, aber der Orkan wirft ihn nicht um, im Gegenteil, er erhebt ihn… jetzt schwingt er den Bogen, jetzt setzt er ihn an, jetzt ein, zwei, drei Risse, jetzt durchzuckt es uns elektrisch vom Scheitel bis in die kleine Zehe, jetzt arbeitet da oben der Funkensprühende wie eine galvanische Batterie…“

Als die Ouvertüre von Aubers „Die Stumme von Portici“ verklungen war, mischte sich in den Beifall noch das Zischen der Gegner. Aber schon sein erster eigener Walzer, „Die Gunstwerber“, erwirbt einhellige Gunst. Viermal muß er wiederholt werden, und nach der „Herzenslust-Polka“ ist das Zischen gänzlich verstummt. Nach der dritten Wiederholung gibt es nur noch Begeisterung im Saal. Sie steigt bis zur Siedehitze, da Schani vor der Pause seinen schönsten Walzer anstimmt, die „Sinngedichte“. Die Musiker zählen neunzehn Wiederholungen! Das hatte auch der Vater nicht erlebt. Wiest notiert hastig: „…jetzt hallt ein Ruf durch die Säle hin: Ja, das ist ein Strauß-Sohn, das ist der würdige Sohn seines Vaters! Selten, daß sich Talente der Väter auf die Söhne forterben, aber von Strauß-Sohn kann man wirklich sagen: Er ist ein geborener Walzer!“

Als der Sohn schließlich in nobler Verbeugung vor dem Vater dessen berühmtesten Walzer, die „Loreley-

Rheinklänge" anstimmte, war die Schlacht beim Dommayer entschieden. Man lachte und weinte, hob den jungen Sieger auf die Schultern und trug ihn jubelnd durch den Saal. Und irgendwo in einer Ecke saß die Mutter Anna und wischte sich Tränen der Freude aus dem Gesicht. Der Lamperl-Hirsch und mit ihm Tobias Haslinger, der Verleger des Vaters, die - so heißt es - eigentlich gekommen waren, das Debut des Sohnes zu stören, machten sich stumm aus dem Staub.

Der Dichter Johann Nepomuk Vogl, der für die „Österreichische Morgenzeitung" schrieb, hatte den Schauplatz schon nach der Pause verlassen, weil es ihm nicht möglich war, „in dieser Hitze sich mehrere Stunden herumzubalgen, stoßen und treten zu lassen, und dann obendrein riskieren zu müssen, ohne Nachtmahl zu Bette zu gehen". Auch Wiest hatte mit neunzehn „Sinngedichten" genug. Auf der Heimfahrt ließ er vor einem Häuschen in Mariahilf kurz anhalten. Dort hatte einst Josef Lanner gewohnt, den sie vor Jahresfrist begraben hatten. Halb Wien war hinter seinem Sarg hergegangen. Strauß Vater hatte ihm mit seiner Kapelle die letzten Grüße zugespielt. „Ich sah nach den Fenstern dieses Hauses", so lasen es die Wiener am andern Morgen im „Wanderer", „es war alles finster und grabesstill. Da oben hat auch einmal ein Wiener keine üblen Walzer geschrieben: Gute Nacht, Lanner! Guten Abend Strauß Vater! Guten Morgen, Strauß Sohn!"

Vom Lamperl-Hirsch erfuhr Vater Strauß den Triumph seines Sohnes, den er mit Bitterkeit und doch wohl auch mit ein wenig Stolz zur Kenntnis nahm. Und damit das Unvermeidliche, daß es künftighin in Wien zwei Sträuße und zwei Strauß-Kapellen geben würde. Es kam sogar zu einer privaten Begegnung der beiden, die versöhnlich endete. Der Vater soll dabei dem „Mistbuben" – quasi als Friedenspfeife – eine kostbare Zigarre angeboten haben. Das Angebot, in dessen Kapelle einzutreten, konnte der Junge nicht annehmen. Davor stand die Mutter, die er mehr als den Vater liebte, der er alles verdankte und deren einzige Stütze er war. Zum Abschied reichte ihm der Vater sogar die Hand, die er seit Jahren nicht in der seinen gehalten hatte. Er ahnte nicht, daß es das letzte Mal sein würde.

Zu einer ersten harmlosen beruflichen Konfrontation kam es, als Schani in der Nachfolge Lanners zum Kapellmeister des Zweiten Bürgerregimentes ernannt wurde. Da standen zum Gaudium der Wiener, Vater und Sohn bei öffentlichen Aufmärschen wie feindliche Feldherren einander gegenüber. Der eine in der roten Uniform des Ersten, der andere in der blauen Uniform des Zweiten Bürgerregiments.

Zu einer ernsten Auseinandersetzung kam es, als der Sohn die Ouvertüre zu Meyerbeers Oper „Vielka oder Das Feldlager in Schlesien" auf sein Programm setzte, die 1847 im Theater an der Wien mit der „schwedischen Nachtigall" Jenny Lind bejubelt wurde und deren Alleinaufführungsrecht der Vater besaß. Schani hatte sich die Noten auf Schleichwegen verschafft. Der Verleger Carl Haslinger, der Meyerbeer in Wien vertrat, alarmierte die Polizei, worauf der Sohn einen aggressiven Zeitungsartikel gegen den Vater veranlaßt haben soll, den Wiest verfaßte. Schließlich griff Meyerbeer persönlich in den Streit ein und – gab die Ouvertüre auch für den Sohn frei, der seinen Sieg mit einem Walzer, benannt „Lind-Gesänge", feierte.

Der zweite Saal, der sich Schani öffnete, waren die „Sträußelsäle" in der Josephstadt, und es ergab sich allmählich eine Abgrenzung des Wirkungsbereichs zwischen Vater und Sohn: der Vater spielte beim „Sperl", beim „Zeisig" und bei den „Sieben Kurfürsten", der Sohn beim Dommayer, beim „Grünen Tor", beim „Zögernitz" und in den „Sträußelsälen". Der Vater brachte im seriösen Teil Meyerbeer, Cherubini und Mendelssohn, der Junior Wagner und Liszt. Im übrigen war der Vater wieder der Alte. Im Fasching 1845 leitete er nicht weniger als 76 Bälle. Die Presse witzelte ernsthaft, dazu gehöre „mehr als eine Menschennatur" - eben „eine Strauß-Natur".

Von der unerschütterten weltweiten Popularität des Vaters zeugen die Stimmen der zeitgenössischen Presse. So schrieb etwa Ludwig August Frankl: „Strauß ist der populärste Musiker der Erde. Seine Walzer entzücken die Amerikaner, sie klingen über die chinesische Mauer, sie tönen im afrikanischen Biwak, und eine mir befreundete Wienerin schrieb mir unlängst, wie tief es sie gerührt habe, als sie den Boden Australiens betrat und ein Bettler mit einem Strauß'schen Walzer um Almosen bat." - Und der „Humorist" scherzte über die Verbreitung der Strauß-Tänze: „Bei Allah! Es ist unglaublich, aber es ist so! Die Odalisken tanzen nach einem stürmischen Walzer und die Muselmänner stürmen im Galopp dahin."

Im Jänner 1846 wurde Vater Strauß von Kaiser Ferdinand zum „k. k. Hofball-Musikdirektor" ernannt, ein Titel, der eigens für ihn geschaffen wurde. Im Herbst des folgenden Jahres unternahm er wieder eine Reise nach dem deutschen Norden - Hannover, Hamburg, Berlin. Hier musizierte er vor dem Preußenkönig, der ihm nicht nur eine goldene Tabatiere verehrte, sondern auch dessen „Defiliermarsch“ (op. 209) zum preußischen Armeemarsch erhob. Dazu die Theaterzeitung: „Ein ehrenvollerer Abschluß seiner Produktionen in Berlin konnte Strauß wohl kaum zuteil werden.“

Auch die öffentliche Meinung neigte sich wieder mehr dem Vater zu, richtete sich immer öfter gegen den „aggressiven Sohn“ und stellte sich hinter den neuernannten Hofball-Musikdirektor. Hanslick etwa nannte die Tänze des Jungen „ziemlich erfindungsschwach, suchend, künstelnd“ und eine Grazer Zeitung riet dem Junior ernsthaft, das Walzergeschäft gefälligst bleibenzulassen.

Gustav Albert Lortzing, damals Kapellmeister am Theater an der Wien, war auf beide Sträuße schlecht zu sprechen: „Die Italiener und – Strauß haben hier viel auf dem Gewissen“, klagte er. „Meine Wenigkeit ist hier ganz verschollen. Beethoven kennt man gar nicht mehr.“ Und weiter: „In Wien hat nämlich jeder, der mit irgend etwas vor die Öffentlichkeit tritt, einen Kerl an der Hand, der für ihn schreibt, den er dafür bezahlt, traktiert, kleidet etc. ... Da ich nun mit Rezensenten nie kommerschiert habe, so ist es sehr natürlich, daß ich ganz unbeachtet bleibe.“ Auch Vater Strauß schmierte fleißig die Journaille. So ersuchte er etwa im Fasching 1845 die amtliche „Wiener Zeitung“, ihr „beykommende Kleinigkeit ergebenst überreichen zu dürfen“, und beeilte sich, auch Adolf Bäuerle „nach Kräften dienen zu wollen, wenn anders die Summe von 150 fl. CM Ihnen conveniert“. Zweifellos hat Schani die „Theaterzeitung“, die ihn stets förderte, von Anfang an bestochen. Natürlich „convenierte" es Bäuerle, von beiden Seiten bedient zu werden. Aber: „Unter allen diesen bezahlten Lumpenhunden", so Lortzing, „steht Herr Saphier obenan."

Vor Antritt seiner Deutschlandreise schrieb der Vater sein Testament, datiert mit 10. Oktober 1847. Darin setzte er nicht seine legalen Kinder, sondern Emilie Trampusch, die „k. k. Kameral-Arztens-Tochter" und deren fünf Kinder zu Erben ein. „Meine Kinder aus meiner Ehe mit Anna Strauß, geborene Streim", so hieß es dort ausdrücklich, „sollen auf den Pflichtteil eingeschränkt sein." – Kurt Pahlen weist als erster auf die merkwürdige Tatsache hin, daß die Söhne der Anna Strauß die Genialität ihres Vaters erbten, während die fast gleichzeitig von ihm mit Emilie Trampusch gezeugten Kinder „in völliger Bedeutungslosigkeit, ja Anonymität" untergingen. Das gilt freilich auch für die beiden Schwestern der Söhne, legt aber doch die Vermutung nahe, daß zu deren Musikalität Mutter Anna ein wesentliches Erbteil beigetragen hat.

Und dann brach das Sturmjahr 1848 herein, bereitete allen Tanzvergnügungen ein jähes Ende, und riß Vater und Sohn auch politisch auseinander. Der Jüngere begeisterte sich für die freiheitlichen Ideen. Als in Wien am 13. März der Aufstand der Arbeiter und Studenten losbrach, weilte er mit seiner Kapelle in Rumänien und erregte mit seiner bunten Uniform Aufsehen. Im damals türkischen Belgrad, so wird erzählt, wurde er als politischer Magnat mit Janitscharenmusik empfangen und in Bukarest von der freiheitlichen Jugend bedrängt, den unbeliebten österreichischen General-Konsul abzusetzen. Schani nahm es als Jux, drang ins Konsulat ein und entthronte den Konsul.

In Wien wurde seine Bürgermiliz zu einer Nationalgarde und er selbst zu einem Revolutionskomponisten. Er schrieb einen „Revolutionsmarsch“, einen „Nationalgardemarsch“, einen „Barrikadenlieder“-Walzer und, zur Vertreibung des reaktionären Redemptoristen-Mönchsordens der Liguorianer, den die Jugend nicht mochte, die spöttische „Liguorianer-Seufzer-Polka“. Diese Stücke soll der Schani mit seiner Nationalgarde-Kapelle auf den Barrikaden der Studenten schneidig musiziert haben.

Und dann wurde es bitter ernst. Der Mob knüpfte den Kriegsminister Latour auf die Laterne. Kaiser Ferdinand, der sehr erstaunt war über die Barrikadenkämpfer („Ja dürfen S’ denn das?“), floh nach Innsbruck, Fürst Windischgrätz verkündete das Standrecht und begann mit der Bombardierung der Stadt. Dabei ging der „Odeon“-Saal in Flammen auf. Es gab Tote auf beiden Seiten. Mutter Anna flüchtete mit dem 12jährigen Edi ins Kloster der Barmherzigen Brüder. Als in der Leopoldstadt das Feuer ausbrach, hastete sie in die Hirschengasse und – kam eben zurecht, als dort polnische Soldateska eindrang, um nach „Studentskys“ zu fahnden. Die Mutter drückte dem Korporal ein saftiges „Bakschisch“ in die Hand und damit war die Visitation beendet. Im Kamin hing Josefs Studenten-Uniform samt Gewehr.

Die Kapellmeister bei der Nationalgarde mußten Wehrdienst leisten und so war Schani „ins Gewehr“ geraten. An einem heißen Julitag des 48er Jahres, als er in der Leopoldstadt Wache schieben mußte, rückten jählings die kaiserlichen Truppen an. Bei den ersten Gewehrsalven stellte er seine Flinte in die Ecke und trollte sich ins nahe Hirschenhaus. Er befand sich dabei in der Gesellschaft Johann Nestroys, der es ähnlich hielt. Nestroy diente in der gleichen Bürgermiliz-Einheit wie Vater Strauß und sein Komiker-Kollege Wenzel Scholz, der später auf die Frage, was sie denn als Bürgerwehrler eigentlich die ganze Zeit gemacht hätten, zur Antwort gab: „Was werd'n wir scho g'macht haben – zittert hab'n ma!"

Auch Vater Strauß hatte „freiheitliche" Titel auf seine neuen Kompositionen gesetzt, aber gewiß nicht aus Überzeugung. Inmitten des Aufstandes hatte er im Volksgarten einen „Österreichischen National-Garde"-Marsch aus der Taufe gehoben. Das war ein Zugeständnis an die neue Zeit, ebenso wie der nachfolgende „Marsch der Studenten-Legion" und die Tatsache, daß Haslinger auf dem Titelblatt der gedruckten Ausgabe mit dem sonst üblichen Doppeladler auch den Titel „k. k. Hofball-Musikdirektor" fortließ.

Das politische Dilemma des Vaters spiegelt sich in seinem Opus 232 wider. Als er diesen Walzer bei einem Sommerfest auf dem Wasserglacis zum ersten Mal dirigierte, hieß er noch „Schwarz-Rot-Gold". Aber nach wenigen Monaten wurde er abgeändert in „Landes-Farben". Im Herzen war Strauß Vater immer schwarzgelb geblieben. Er hing am Althergebrachten, an Altösterreich, das er selbst wie wenige sonst verkörperte, hing am Kaiser, an dessen Armee und ihrem siegreichen Feldherrn Radetzky. Und während das schwarzrot-goldene Wien sich noch in der, ach, so kurzlebigen republikanischen Freiheit sonnte, hob Strauß Vater bei einem „Siegesfest zu Ehren der tapferen Armee in Italien und zur Unterstützung der verwundeten Krieger" im Kleinen Kaffeehaus auf dem Wasserglacis den Taktstock und intonierte sein politisches Herzensbekenntnis: den Marsch aller Märsche, den schneidigen Soldatentanz, „bei dem es sich stürmen und sterben ließ wie bei keinem zweiten". Vom ganzen Walzerschaffen des älteren Strauß ist nicht allzuviel geblieben – der „Radetzkymarsch" aber wird bleiben. Er ist Inbegriff wienerischen Lebensgefühls, „jenes göttlichen Leichtsinns, der noch dem Tod lachend auf die Schulter klopft".

Als Vater Strauß den „Radetzkymarsch" aus der Taufe hob, setzte er ihn in unmittelbare Nachbarschaft zu Beethovens Leonoren-Ouvertüre, was uns heute fast kurios anmutet, aber nur beweist, daß es zu seiner Zeit noch keine Kluft zwischen der Unterhaltungsmusik und der „seriösen" Musik gab. Von den Millionen, die heute dem Marsch zujubeln, werden nur wenige wissen, daß das Marsch-Trio fast notengetreu dem Schlager einer Wiener Volkssängerin, der „Lerchenfelder Tinerl", nachempfunden ist. Das „Tinerl-Lied" wurde von den Freiwilligen beim Abmarsch ins Feld gepfiffen. Ein Hinweis mehr, aus welchen Wurzeln auch die Walzermusik gewachsen ist.

Die Revolution wurde schließlich von den kaiserlichen Truppen unter Windischgrätz und Jellačič niedergeschlagen, Wien ergab sich den „Schwarz-Gelben". Die „Rädelsführer" Messenhauser, Blum und Dr. Alfred-Becher wurden füsiliert. Strauß Vater schrieb nicht nur den „Österreichischen Festmarsch" zur feierlichen Enthüllung des Denkmals für den „guten" Kaiser Franz, sondern auch den „Jellačič-Marsch" für den „Häßlichsten der Sieger". Im übrigen blieb in Wien alles beim alten. Oder doch nicht ganz? Kaiser Ferdinand dankte ab und übergab das Szepter seinem achtzehnjährigen Neffen Franz Joseph.

Die erste Tat des jungen Kaisers war die blutige Niederschlagung der aufständischen Ungarn. Am Tag nach seiner Thronbesteigung spielte der junge Strauß beim „Grünen Tor“ die Marseillaise und wiederholte sie sogar dreimal „auf Verlangen“. Vor der Polizei, die ihn zur Rechenschaft zog, verteidigte er sich erstaunlich geschickt: „Wie sich von selbst versteht, ist es mir ganz gleichgültig in Beziehung auf politische Interessen, welche Stücke ich aufzuführen habe, weil bei mir jede Nummer am Repertoire ist und nur als Ausfüllungsstück dient.“ Und damit sagte Schani die pure Wahrheit, denn im Grunde war er weder Politiker noch Revolutionär. Es war die jugendliche Begeisterung des leicht entzündbaren Künstlertemperamentes, die ihn auf die Barrikaden geführt hatte.

Strauß Vater, der Unverwüstliche, ging wieder auf Reisen, es war seine letzte. In Deutschland wurde er als „Schwarz-Gelber“ von den liberalen Studenten attackiert. In Heidelberg verrammelten sie vor ihm die Neckarbrücke. Bei den anschließenden Konzerten in London, bei denen er einen seiner letzten Tänze, die „Alice-Polka“, „für den großen Hofball Ihrer Majestät Victoria, Königin von England eigens componiert“, aus der Taufe hob, trat er gemeinsam mit der Wiener Sängerin Jetty Treffz auf, die ihr Londoner Debut beging und sehr bejubelt wurde. Die „Morning Post“ feierte sie als „reizvolle Frau“ und rühmte ihren liebenswürdigen Vortrag und ihre große dramatische Einfühlungsgabe. Niemand ahnte, daß sie wenige Jahre später Schanis Gattin werden sollte.

Ende September 1849 wurde Radetzky in Wien erwartet und aus diesem Anlaß ein Festbankett im Redoutensaal der Hofburg vorbereitet. Strauß Vater sollte dirigieren und seinen neuen „Radetzky-Bankett-Marsch“ aus der Taufe heben. Das Fest begann, aber man wartete vergebens: Strauß kam nicht, der neue Radetzky-Marsch blieb Fragment. Haslinger notierte später auf das Manuskript: „Während der Instrumentation ist Vater Strauß vom Scharlach befallen worden und nach drei Tagen gestorben.“ Eines der Trampusch-Kinder hatte den Scharlach heimgebracht und den Vater angesteckt, der in der Nacht vom 24. auf den 25. September 1849 der Infektion erlag.

Im Hirschenhaus erfuhr man davon durch Zufall. Ein Mann von der Straße brachte die Nachricht. Mutter Anna schickte den Pepi in die Kumpfgasse. Auf dem Weg dorthin sah Josef Plakate, die eine Volksgarten- Soiree des Vaters für 25. September ankündigten. Die Wohnungstür fand er offen. Und drinnen lag der Tote, armselig, einsam und verlassen. Keine Kerze brannte. Emilie hatte den Ort mit ihren Kindern fluchtartig verlassen. Rasch verbreitete sich das Gerücht, daß Emilie nicht nur den Toten, sondern auch die Wohnung ausgeplündert habe. Noch Jahre später hat Eduard Strauß dieses Gerücht in seinen Erinnerungen als Tatsache hingestellt. Das ist eine Falschmeldung. Sicher ist, daß die Trampusch, gejagt von Furcht und Entsetzen in wilder Hast ihre Kinder zusammengerafft hat und davongerannt ist. Möglich auch, daß sie das unglückliche Kind, das den Vater angesteckt, „mißhandelt“, will sagen geohrfeigt oder geprügelt hat, wie man sich erzählte. Aber alle Behauptungen, sie habe beide Zimmer ausgeräumt und den Toten auf einem Brettergestell nackt zurückgelassen, werden durch die polizeiliche Bestandsaufnahme der Wohnung, die eine komplette Einrichtung, ja sogar Geldbeträge im Schreibtisch verzeichnet, widerlegt.

Am 26. September erschien in den Wiener Zeitungen die Todesanzeige: „Anna Strauß, geborene Streim, gibt hiemit in ihrem und im Namen ihrer Kinder Nachricht von dem sie höchst betrübenden Hinscheiden ihres innigst geliebten Gatten, welcher nach einer kurzen Krankheit, am 25. September 1849, um ¼ auf 3 Uhr, im 45. Jahre seines Lebens selig in den Herrn entschlafen ist. Der Leichnam wird Donnerstag den 27. d. M. um 3 Uhr nachmittags aus dem Hause Kumpfgasse in die Domkirche zu St. Stephan getragen, und nach feierlicher Einsegnung auf dem Friedhof in Döbling, im eigenen Grabe, zur Ruhe bestattet."

Das war ein erstaunlich diplomatischer Akt von Mutter Anna. Sie warf dem Ehebrecher kein Steinchen nach. War sie wirklich „höchst betrübt"? Liebte sie ihn immer noch „innigst"? Oder folgte sie einfach instinktiv der Maxime der Römer: „De mortuis nil nisi bene"? Nein, sie griff einfach – und das spricht für die natürliche Klugheit dieser im Grunde einfachen Frau – energisch nach den Rechten der legitimen, trotz der Scheidung einzig legitimen, Gattin, auch um der Kinder willen. Die peinliche Konfrontation an der Bahre mit der „anderen" blieb ihr erspart. Emilie zeigte sich nicht, blieb verschollen; geriet mit ihrer Kinderschar nach und nach immer tiefer in Not und Elend, so tief, daß sie eines Tages die Laternen vom Grab ihres toten Liebhabers wegtrug, um sie zu veräußern...

Daß der Leichnam des Verewigten zur Einsegnung in St. Stephan aus der Kumpfgasse geholt werden mußte und also die Begräbnisfeierlichkeiten dort ihren Anfang nahmen, muß für Mutter Anna bitter genug gewesen sein. Die Wiener trugen ihren Strauß wie einen Fürsten zu Grabe. Wieder einmal stand halb Wien auf den Gassen, um eine „schöne Leich'" mit zu erleben. Musiker trugen den Sarg zum Döblinger Friedhof, wo Strauß neben Lanner bestattet wurde. Am offenen Grab erklang ein Trauermarsch von Franz v. Suppé. Bei der Seelenmesse in der Kirche am Hof dirigierte Schani Mozarts Requiem mit der väterlichen Kapelle.

„Armes Wien! Die Götter haben dich nicht mehr lieb, denn sie nehmen dir dein Liebstes, deinen Strauß – deinen letzten Trost und Ruhm", so beklagte Eduard Bauernfeld seinen toten Freund und er sprach damit den Wienern aus dem Herzen. Hektor Berlioz aber schrieb in Paris: „Strauß hat den Geigenbogen des Künstlers und die Feder des Komponisten für immer niedergelegt. Wien hat mit Strauß eine seiner schönsten Zierden verloren. Denn: Wien ohne Strauß, das ist Österreich ohne Donau."

Konzertmeister Amon setzte es durch, daß die verwaiste Kapelle dem Junior angeboten wurde. Amon kam selbst ins Hirschenhaus und übergab dem Sohn – der war ja schließlich sein Schüler – den Geigenbogen. des Vaters in einem kostbaren Etui. Für Mutter Anna wohl eine der glücklichsten Augenblicke ihres Lebens. Schani verschmolz die väterliche Kapelle mit der seinen zu einem elitären Klangkörper und gab bereits am 2. Oktober, also eine Woche nach dem Tod des Vaters, im Kollonadensaal des Volksgartens das erste Konzert. Vier Wochen später veranstaltete er in den Sofiensälen ein festliches Gedenkkonzert für den Vater, dessen Werke ausschließlich auf dem Programm standen. Den bejubelten Abschluß bildete der „Radetzky-Marsch".

KAPITEL III

Meister der Töne, Faschingssirene

JOHANNS RUSSISCHES ABENTEUER UND SEINE EHE MIT JETTY TREFFZ – JOSEF, DAS GENIE WIDER WILLEN UND DER FESCHE EDI

Als im Herbst 1850 bekannt wurde, daß in Warschau eine Begegnung zwischen Kaiser Franz Joseph und dem russischen Zaren Nikolaus I. stattfinden würde, beschloß Johann Strauß, die Gelegenheit beim Schopf zu packen und „zufällig" mit seiner Kapelle in Warschau zu konzertieren. Mit Pässen für sich und seine Musiker bewaffnet, zog er auf eigenes Risiko los. Die Pässe galten auch für Russisch-Polen, für Warschau aber waren sie offenbar „nix gut". Die Wiener Musiker wurden verhaftet und in einen Schweinestall gesperrt. Als höchst verdächtiges revolutionäres Gesindel. Johann hat dieses Abenteuer oft und gerne Freunden erzählt und dabei wohl einiges Jägerlatein aufgetischt. Schließlich habe die Zarin, eine Tochter Friedrich Wilhelms III. von Preußen, davon Kenntnis erhalten und nicht nur die Musiker befreit, sondern Strauß sogar eingeladen, beim Warschauer Hofball zu konzertieren. So habe er endlich doch sein Ziel erreicht: vor seinem Kaiser – noch dazu als Kapellmeister des Zaren! – zu spielen, zu dem ihm, dem 48er-Revolutionär, der er im Grunde nie war, bislang der Weg versagt war. „Ich bekam für jede Produktion 500 Rubel und zum Schluß einen kostbaren Brillantring." Er bedankte sich bei der Zarin mit einer „Warschauer Polka". Die erhoffte Gunst Franz Josephs erhielt er vorerst nicht.

Und die feindlichen Stimmen, die sich gegen ihn richteten, wurden laut und lauter und wollten nicht verstummen. Es sei einfach unverschämt und unverzeihlich, was sich der Sohn da leiste: mit den Verdiensten des Vaters und dessen geistigem Kapital Vorteile für sich herauszuschlagen. Also entschloß sich Johann, eine Rechtfertigung in der „Wiener Zeitung", dem kaiserlichen Amtsorgan, zu veröffentlichen. Sie muß ihm nicht leichtgefallen sein und man darf bezweifeln, ob sie aus seiner Feder stammt. Ihr pathetischer Schiller-Stil paßt so gar nicht zu seinen Walzern. Und sie kommt einer Beichte und einem Kniefall vor dem Publikum gleich.

Der Text verwies zunächst „auf eine verlassene Mutter und unmündige Geschwister", die „zu unterstützen und zu nähren" er sein „schlichtes Talent anzuwenden" gewagt habe. Und dann kam die Versicherung: „Es galt nicht, wie feindliche Gegner wähnten, einen Ringkampf einzugehen mit den erprobt weit überragenden Kräften eines der tüchtigsten Meister vom Fache, der ja zugleich mein stets geliebter Vater war; nicht messen wollte sich der Sohn im Bewußtsein seiner Schwäche mit der bewährten Stärke des Vaters! Gott sei mein Zeuge! ... Mein Ehrgefühl hieß sich dem spärlichen Erhalt meiner jüngeren Geschwister nicht länger entziehen, und ich wählte die Kunst, deren schwacher Jünger zu werden ich Beruf und Neigung fühlte."

Der Artikel endete mit der geschwollenen Phrase: „Mich umschwebe der segnende Geist meines treuen Vaters, er führe mich der heiteren Muse zu, die jetzt an seinem teuren Grabe weint, und lasse mich einst des Vaters würdig zeigen..." Nun, wir wissen, daß der Vater nichts weniger als treu war, und daß er alles getan hatte, um den Sohn von der heiteren Muse auszusperren.

Aber der Kniefall vor dem Publikum tat seine Wirkung. Der Schriftsteller A. W. Ambros stellte zwar noch Jahre später den Vater weit über den Sohn, wenn er auch herablassend zugab, der Sohn habe etwas vom Talent des Vaters und habe auch „manches hübsche Tonstück" komponiert, kurz: „Das Vorbild steht höher, aber das Nachbild darf sich sehen lassen" – aber vorher schon feierte die „Theaterzeitung" den Sohn so hymnisch wie einst den Vater: „... wie fliegen in feuriger Lust die Paare dahin, wenn Strauß" (und das war diesmal der Junior) „die Geige ans tänzelnde Knie gestemmt, am Dirigentenpult steht und gar, wenn er selber zu spielen beginnt, die Geige hoch, weit über die waagrechte Linie erhoben, den Körper in ewigen Biegungen windend, den Bogen in raschen Strichen über die Saiten führend: das zündet die Herzen, elektrisiert die Beine!" Hingegen: „Wie schläfrig taumeln die Paare durcheinander, wenn Strauß die Geige weglegt und in den Fiaker stürzt, um in einem anderen Lokal – es ebenso zu machen."

Schanis wachsende Popularität spiegelt sich auch in den zeitgenössischen Witzblättern wider, die immer häufiger Karikaturen des Jungen bringen. Der „Punsch" reimt dazu: „Meister der Töne, / Faschingssirene, / Füßebeschwinger, / Nächtedurchbringer, / Tänzeerfinder, / Gramüberwinder, / Rastlos taktierender, / Länder durchirrender, / Tanzfeinde kirrender, / Ruhmübergossener, / Goldüberflossener, / Nie überragter, / Stets schwarz befrackter, / Unbeschreiblich geplagter, / Walzer herausschüttender, / Potpourris kittender, / Und jedes Zeremoniell sich verbittender Wiener Compositeur."

Und dann schildert eine Wiener Zeitschrift – es ist die „Heimat" – ihren Lesern den Auftritt des Sohnes fast präzise so, wie man einst den des Vaters gezeichnet hatte: „Sein kohlschwarzes Haar weht wohlfrisiert im Luftzug... Du winkst mit dem Bogen, ein halber Blick links aus den Augenwinkeln hervor nach den Flügeln deines Heeres und 40 Mann hoch stürzt sich dieses ins Opus 999 seines Herrn und Meisters. Und fort gehts im gefährlichsten Walzertakt über Stock und Stein ... – Das muß man dir lassen, Johannes der Zweite, die Inszenierung deiner Walzer verstehst du... Wann wird man dich wieder so sehen, König Johannes?" – Man hatte ihn also bereits zum Walzer-„König" gemacht.

Trotzdem aber wurde Schanis Ansuchen um die vakant gewordene Stellung des Hofballmusikdirektors abgelehnt. Die Behörden hatten seine Haltung während der Revolutionszeit nicht vergessen, obgleich er indessen musikalische Buße getan und nicht nur einen „Kaiser-Franz-Joseph-Marsch", sondern sogar einen Triumphmarsch zur Liquidierung des ungarischen Aufstandes geschrieben hatte. Aber diese Kehrtwendung nahm man ihm nicht ab. Ein Bericht der k. k. Obersten Polizeibehörde, den das Obersthofmeisteramt angefordert hatte, zählt alle seine liberalen Sünden auf und stellt dann doch sachlich fest, daß man ihm andere politische Untaten neben der Produktion revolutionärer Märsche nicht zur Last legen könne.

Aber dann kam der völlig unverständliche, haarsträubende Passus des Herrn Feldmarschalleutnant Kempen, der das Dokument unterfertigte: „Er war, seitdem er Musikdirektor geworden, ein leichtsinniger, unsittlicher und verschwenderischer Mensch und führt erst seit kürzerer Zeit eine mehr geregelte Lebensweise." Nun von erotischen oder gar unsittlichen Eskapaden des Jungen gibt es nicht das geringste Zeugnis. Leichtsinn hätte er sich bei seiner aufreibenden, nicht nur abend-, sondern auch tag- und nachtfüllenden Arbeit gar nicht leisten können. Und verschwenderisch? Er, der nicht nur die Mutter sondern die ganze Familie jahrelang unterhielt? Hat der Herr Feldmarschalleutnant etwa den Sohn mit dem Vater verwechselt? – Kein Wunder, daß Kaiser Franz Joseph am 10. Juni 1856 in Laxenberg die Ablehnung bestätigte.

Der Aufstieg des Vaters vom Vorstadt-Bierbeisl zum englischen Königsthron, vom Sperl zur k. k. Hofburg ist sensationell, explosiv, raketenhaft, hektisch. Der Weg des Sohnes verläuft nicht so steil, führt ruhiger, gemächlicher nach oben. Er war kein Emporkömmling mehr, er war bereits ein Nachfahre. Er hatte das Erbe des Vaters – und Lanners – als sicheren Boden unter den Füßen. In seiner ersten Schaffensperiode schöpft er dieses Erbe gleichsam aus; gefällt sich in Klang- und Formspielereien und musikalischen Späßen. In der „Champagnerpolka" zitiert er das Volkscouplet „Mir is alles ans, ob i a Geld hab oder kans", im „Knallkügerlwalzer" musiziert er das Explodieren von Knallerbsen, in der „Jägerpolka" wird geschossen.

Aber er blieb dabei nicht stehen. Zunächst verschmilzt er die Gegensätze der Dioskuren, Lanners blonde romantische Anmut und das sinnliche Feuer des Vaters, zu einer neuen veredelten Einheit. Dann sprengt er die Enge des Gebrauchstanzes, weitet mächtig die Form des Walzers, in der Taktanzahl, im Rhythmischen, im Melodischen, im Inhaltlichen und

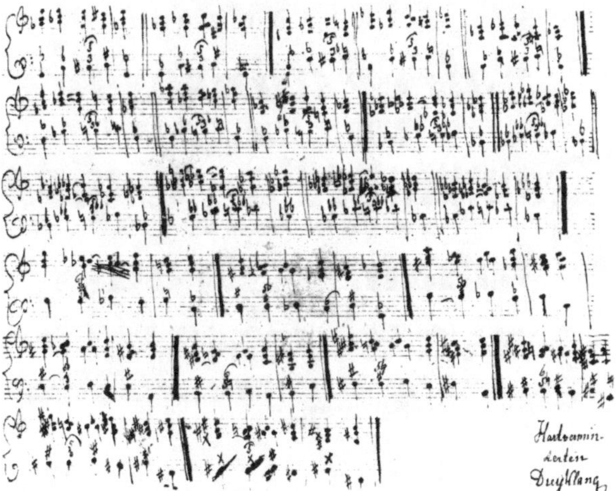

6/7 Joh. Strauß Sohn: Das Geburtshaus und die ältesten erhaltenen Noten

[14161] **Einladung** [2]

zur

Soirée dansante

welche Dinstag am 15. October 1844,
selbst bey ungünstiger Witterung in

Dommayer's Casino

in Hietzing Statt finden wird.

Johann Strauss

(Sohn),

wird die Ehre haben, zum **ersten Mahle** sein **eigenes Orchester-Personale** zu dirigiren, und nebst verschiedenen Ouverturen und Opern-Piecen, auch mehrere seiner eigenen Compositionen vorzutragen. -

Der Gunst und Huld des hochverehrten Publicums empfiehlt sich ergebenst

Johann Strauß jun.

Eintrittskarten zu 20 kr. CM. sind in der k. k. Hof-Musikalienhandlung des Pietro Mechetti und Comp. in Stierböck's Kaffehhaus in der Jägerzeil, in Gäbesam's und in Puth's Kaffehhäusern in Mariahilf zu bekommen.

Eintrittspreis an der Cassa 30 kr. CM. Anfang um 6 Uhr.

8/9 Dommayers Casino in Hietzing

läutert schließlich die Walzerseele von allen Schlacken des Gebrauchstanzes. Der Weg zum symphonischen Walzer ist frei. „Tanzbodenklänge erobern den symphonischen Konzertsaal, die Grenzen der Wiener Volksmusik weiten sich über die ganze Welt."

Errungen wird dieses Ziel zum ersten Mal 1860 mit einem Opus, das die magische Ziffer zwei, drei vier (op. 234) trägt und dessen Entstehung fast wie ein Wunder anmutet. Ludwig Eisenberg, ein Freund des jungen Johann Strauß und sein erster Biograph, erzählt: Am frühen Morgen, nach einer durchwachten Ballnacht im Sofiensaal, saß Johann todmüde an einem leeren Tisch. Es war schon taghell. Da trat ein Komitee-Mitglied des Technikerballs, der am Abend stattfinden sollte, an ihn heran: „Meister, wie steht's mit unserem Walzer?" Schani schüttelte nur leise den Kopf: „Noch keine Note!" Der Mann wurde bleich vor Entsetzen. „Statt jeder Antwort", so Eisenberg, „nahm Strauß die vor ihm liegende Speisekarte, und in weniger als einer halben Stunde war der seit Wochen bestellte Walzer auf der Rückseite der Karte skizziert." Es war der unvergängliche „Accelerationen"-Walzer, „den Hörern der Technik an der Hochschule in Wien achtungsvoll gewidmet".

Für Johann Strauß beginnt ein gesegnetes Jahrzehnt. 1864 wird er nun doch zum k. k. Hofballmusikdirektor ernannt. Im selben Jahr gelingt der zweite Ewigkeitswalzer: die „Morgenblätter", die gleichfalls ihre Geschichte haben. Als Offenbach in Wien weilte, um im Kärntnerthortheater die Proben zu seiner Oper „Die Rheinnixen" zu leiten, schrieb er für die angesehene Journalisten- und Schriftsteller-Vereinigung „Concordia" einen Walzer, den man dort, nach den

Abendausgaben der Presse, „Abendblätter" betitelte. Zugleich wurde Strauß, der den Verein schon im Jahr zuvor mit dem Walzer „Leitartikel" bedient hatte, um einen Gegenwalzer gebeten. Am Ball-Abend im Sofiensaal dirigierte Johann beide Walzer: die Offenbachschen „Abend"- und seine „Morgenblätter". Wie die sensationelle Gegenüberstellung ausfiel, bleibt zweifelhaft.

Eisenberg behauptet, Offenbach, der persönlich seinen Walzer aus der Taufe hob, habe einen eindeutigen Sieg über die „Morgenblätter" davongetragen und Strauß „weinte wie ein Kind die ganze Nacht hindurch". Der Wiener Strauß-Forscher Franz Mailer hingegen behauptet, ohne dafür einen Beweis zu erbringen, „der Sieg gehörte unbestreitbar den ‚Morgenblättern'". Aber die zeitgenössische Kritik gibt eher ihm recht. So schrieb die „Wiener Zeitung": „Sonderbar genug, Herrn Offenbachs ‚Abendblätter' welkten schon am ersten Abend." Fest steht jedenfalls, daß Offenbach beim besagten Ball-Abend gar nicht anwesend war. Strauß schrieb damals ausdrücklich an Hanslick, daß er „nicht das Vergnügen habe, Mr. Offenbach persönlich zu kennen". Mailer weist darauf hin, daß Offenbach auch mit seinen „Rheinnixen" einen Durchfall erlebte, was wieder den Wortwitz der Wiener motivierte: „Im Kärntnertortheater gibt's rein nix!"

Inzwischen aber hatten sich bedeutsame Dinge ereignet. Johann hatte nicht die eisernen Nerven seines Vaters. Viel früher als dieser, schon mit 28 Jahren, bricht er nach einer Deutschland-Reise am Pult ohnmächtig zusammen. „Nervenfieber"! Das ist nicht nur eine gesundheitliche, sondern auch eine finanzielle Katastrophe. Die Kapelle ernährt die Familie. Es muß weitergehen. Mutter Anna, die das „Walzergeschäft" mit erstaunlicher Umsicht und Energie überwacht, weiß: ein Ersatzmann muß her, und das kann nur ein Strauß sein. Josefs große entscheidende Stunde hat geschlagen.

Josef, daheim Pepi genannt, der, wie wir wissen kein übler Klavierspieler war, dachte nicht entfernt daran, Musiker zu werden. Seine Neigung galt der Technik. Er absolvierte das Polytechnikum in den Fächern Mathematik, Planzeichnen und Maschinenlehre, lernte nebstbei das Steinmetz- und Maurerhandwerk, nahm privaten Zeichenunterricht, wurde bald ein gesuchter Bauzeichner, leitete bereits 1851 den Bau einer Wasserwehranlage und zuletzt als Chefingenieur eine Maschinenfabrik. Für die Wiener Schulen stellte er Logarithmentafeln zusammen und erfand für den Wiener Magistrat eine Straßenkehrmaschine. Nebstbei verfertigte er Karikaturen und Scherenschnitte und schrieb Gedichte und Dramen, darunter ein Familiendrama „Rober", das die legendäre Geschichte der spanischen Ahnen verarbeitete und für das er auch gleich die Dekorationen entwarf.

Als Josef seine Straßenkehrmaschine der Stadt Wien anbot, sagte der zuständige Stadtrat: „Na ja, das is ja alles recht schön. Aber ich bitt' Sie, was sollen wir nachher mit den vielen armen Teufeln von Straßenkehrern anfangen?" Die Maschine wurde trotzdem angenommen.

Als der Vater darauf bestanden hatte, aus ihm einen Offizier zu machen, hatte sich Josef mit den für ihn so charakteristischen Worten gewehrt: „Ich fürchte den Tod nicht, aber ich will weder zum Krüppel werden, noch andere zu Krüppeln machen. Lassen Sie mich doch, wo ich bin ... Stoßen Sie mich nicht in jenes unstete, rauhe, allen Sinn für das Menschliche zerstörende Treiben hinaus, zu dem ich nicht geboren bin. Ich will nicht Menschen töten lernen!"

Dessenungeachtet stellte er sich 1848 leidenschaftlich an die Seite der Revolutionäre, kämpfte in den Reihen der Akademischen Legion, der er als Student angehörte, gegen Zwangsbeglückung und Zensur und geriet dabei – wie sein Bruder Edi berichtet – „in die Feuerlinie des Regiments Nassau", aus der er sich nur durch Flucht ins Hirschenhaus retten konnte, wo er, wie wir wissen, Flinte und Uniform in den Kamin hängte.

Nach Beendigung des Aufstandes verliebte er sich in eine Hörerin, die wie er Sprachunterricht nahm: es war die um vier Jahre jüngere Wienerin Karoline Pruckmayer, der er bald mit der ganzen Tiefe seines weichen, gemütvollen Herzens ergeben war: „Mein gutes, liebes Linchen! Ich bin fern von Dir", so schrieb er ihr von seiner Baustelle. „Ich sehe Dich im Geist vor mir, ich lächle Dir zu, ich herze, küsse, drücke Dich innig ... ich liebe Dich mit der ganzen Kraft meiner Seele." Es wurde eine glückliche Ehe, auch wenn Mutter Anna von ihrer Schwiegertochter nicht sehr entzückt war.

Als die Mutter an Josef herantrat mit der Zumutung, für Schani in die Bresche zu springen und das Walzergeschäft fortzuführen, wurde er böse. Aber irgendeine Saite mußte in seinem Innersten angeklungen sein. Vielleicht dachte er an sein Vierhändigspiel mit Schani, vielleicht daran, daß er schon eine Ode und andere seiner eigenen Verse vertont hatte. Und was nun kam, war erstaunlich: der Ingenieur und Bauzeichner riß sich vom Reißbrett los und stürzte sich mit der gleichen Leidenschaft, die er bisher der Technik zugewandt, auf die Musik. Nahm Theorie- und Kompositionsunterricht, lernte geigen bei dem alten Amon und – ist in unfaßbar kurzer Zeit soweit. Vorgeigen wie der Schani, das geht natürlich noch nicht; er wird mit dem „Staberl" dirigieren. Das ist ungewohnt, aber interessant, wie der ganze melancholische Strauß mit dem blassen Lisztkopf und dem traurigen Lächeln ungewöhnlich ist, nicht fesch, aber interessant.

Die abfälligen Urteile blieben natürlich nicht aus. Denn einige Kritiker fanden es nicht interessant, sondern genant, dieses Dirigieren mit dem „Staberl": „Was Herr Josef Strauß im Sinne führt, wenn er sich vor das Orchester hinstellt und einige phlegmatische Handbewegungen macht, das haben wir noch nicht ergründen können."

Im Juli 1853 schrieb Josef an seine Braut: „Das Unvermeidliche ist geschehen, ich spiele heute zum ersten Mal beim Sperl. Ich bedaure vom ganzen Herzen, daß dies so plötzlich geschieht." Bereits vier Wochen darauf präsentierte er seinen ersten eigenen Walzer. Das mußte er, wie wir wissen, wollte er als Kapellmeister anerkannt werden. Aber er wollte nur das Nötigste geben. „Die Ersten und Letzten von Josef Strauß" stand auf seinem ersten Walzer, und es war ihm sicher ernst damit. Als man ihn zu einem zweiten Walzer nötigte, nannte er ihn „Die ersten nach den letzten Tänzen". Aber als ihm der wiedergenesene Bruder das Amt wieder abnehmen wollte, war die Bürde bereits zu einer Leidenschaft geworden.

Und nun kam das Erstaunlichste: die musikalische Eruption, die alle Logarithmen und Bauskizzen fortschwemmte. In kaum siebzehn Jahren schuf Josef, nebst 500 Orchesterarrangements, fast dreihundert Kompositionen! Darunter solche von Ewigkeitswert, in denen er ganz an die Schöpferkraft Johanns herankam, ja diese zuweilen noch übertraf: in den „Dynamiden", den „Transaktionen", den „Sphärenklängen", dem „Delirienwalzer", in den Schubert nahen „Dorfschwalben aus Österreich", in dem Königswalzer: „Mein Lebenslauf ist Lieb und Lust". Was der Vater mit zähem Willen erkämpfte, wohin es Johann fast ohne seinen Willen hinzog, das wurde Josef gegen seinen Willen aufgenötigt. Er ist der „Musiker wider Willen", ein Phänomen, das allen ästhetischen Erklärungen widerstrebt.

Rätselhaft und seltsam, daß diese beiden letztgenannten sonnenüberstrahlten Walzer aus der Intuition eines Melancholikers sprießen konnten, der das schwermütige Moll mehr liebte als das freudige Dur, der die nächtliche rauchgeschwängerte Stube der blühenden Natur vorzog. Der sich, nach Eduards Angabe, rühmte, ein ganzes Jahr lang den Stephansplatz „mit keinem Fuße betreten zu haben". Und der trotz seinem schwermütigen, scheu-verhaltenen Wesen die kecksten spritzigsten Polkas schreiben konnte. Peter Cornelius war es, der in der Strauß-Dynastie Josef am höchsten schätzte. Das hat aber vor ihm schon der Schani getan, wenn es auch nicht ganz klar ist, ob er es im Ernst oder im Spaß meinte, wenn er seinen Freunden versicherte: „I bin halt populärer, er is begabter!"

Johann hatte vom Vater nicht das Fernweh geerbt. Trotzdem kam er noch viel weiter herum als dieser.

Seine erste große Reise ins fernere Ausland führte ihn merkwürdigerweise nach Rußland. Wie kam er dorthin? Man hatte von Petersburg aus eine der ersten Eisenbahnlinien gebaut, die, dreißig Kilometer lang, nach dem Sommerkurort Pawlowsk und dem Zarendorf Zarskoje Selo führte, beides Ausflugsziele der Zarenfamilie und der Petersburger Gesellschaft. Um die Frequenz zu heben, hatte man die Endstation in einen pompösen „Musikbahnhof" – nach englischem Muster „Vauxhall" genannt –, mitten im Grünen gelegen, umgestaltet. Nun suchte man einen attraktiven Dirigenten mit Kapelle und – kam fast zwangsläufig auf Strauß. Johann befand sich gerade auf Kur in Gastein. Dort suchte ihn ein Abgesandter der Petersburger Eisenbahn auf und verpflichtete ihn für zweimal fünf Sommermonate mit traumhaften Bedingungen: freie Fahrt, freie Wohnung in Pawlowsk und 18 000 Rubel per anno plus dem Ertrag von vier Benefizkonzerten. In Pawlowsk wurde zum ersten Mal ein Strauß zu einem reichen Mann.

Das Engagement des Wiener Walzerkönigs schlug mächtig ein. Die Züge waren bald überfüllt, Pawlowsk wurde zum permanenten Festspielort. Da Strauß den ungezählten Autogrammwünschen nicht nachkommen konnte, ließ die Eisenbahngesellschaft sein Bild mit Unterschrift in einer Auflage von 100 000 Stück drucken und „verkaufte es im Petersburger Bahnhof um zehn Kopeken". Seine Konzerte begannen um 7 Uhr abends. Ertönte das Glockenzeichen zur Abfahrt des Zuges, durfte er Schluß machen. Manchmal auch nicht; dann fuhr der Zug davon und das Fest dauerte bis zum Morgen.

Nikolaus I., der sich nicht nur im September, wo seine Familie in Zarskoje Selo logierte, sondern auch schon im Frühling zu den Konzerten einfand, begeisterte sich vor allem an Johanns „Bauernpolka", die er nicht oft genug hören konnte. Johann berichtet nach Hause von einem „Beifallssturm wie noch kein Beethovenscher Sinfoniesatz ihn erhalten konnte, da selbst die Orchestermitglieder einstimmten und, wie das Publikum, vergaßen, daß die Komposition ein elender Schmarrn ist..." Großfürst Alexander, der spätere Zar, bat sich die Gunst aus, einen Abend lang als „gemeiner Musiksoldat" unter dem Kommando des Walzerkönigs mit seinem Cello mitspielen zu dürfen. Schanis Vertrag wurde immer wieder verlängert, aus den ursprünglichen zwei wurden schließlich zwölf Sommer.

Ein blühender Kranz von Legenden umgibt diese russischen Sommernächte. Ein Offizier soll Strauß zum Duell gefordert haben, weil er herausbekommen hatte, daß seine Frau dem „Musikanten" Blumen geschickt habe. Johann nahm das Duell gelassen an unter der Bedingung, daß der Herr ihm in seine Wohnung folge. Dort führte der Diener Leibrock den Eifersüchtigen in den Salon, der randvoll mit Blumensträußen war, und bat den perplexen Herrn: „Bitte, suchen Sie sich die Blumen Ihrer Gattin heraus!" Das Duell fand nicht statt.

Bei einer jungen Dame wäre aus dem sommerlichen Spiel beinahe Ernst geworden. Olga Smirnitzky, die Tochter eines einflußreichen russischen Beamten, war geistig regsam, lebendig, temperamentvoll, verwöhnt, kapriziös und sentimental zugleich. Die Liebe zu ihr machte aus Johann sogar einen romantischen Briefschreiber. Am 30. Juli 1859 schrieb er: „Olga! – Wie glücklich wäre ich, könnte ich Dich in diesem Augenblick umarmen, so wie ich Dich heute vormittags an mein Herz drückte... Warum kannst Du nicht bei mir sein?" und dann folgten die merkwürdigen Worte: „Olga, wie bin ich unglücklich! Ich habe kaum so viel Kraft, diese Zeilen zu schreiben. Nie habe ich mich beweint, heute – ich gestehe es nur Dir – geschah es. Ach Olga, ich fühle es, daß ich bald sterben werde – und allein... Aber es ist besser, daß niemand weiß, was gelitten

Dein Jean."

Die Romanze wurde durch die Notwendigkeit, sie geheimzuhalten, noch gesteigert. Nicht nur Mutter Anna, vor allem auch Olgas Eltern waren dagegen. So mußte Leibrock – nach H. E. Jacob „der Leporello eines Don Juan, der keiner war" – die als Bonbons drapierten Liebesbriefchen in einen hohlen Baum des Pawlowsker Parks verstecken bzw. abholen. Unter dem Eindruck von Jeans Liebesschwüren begann Olga zu komponieren, und Jean hielt sogar um ihre Hand an, holte sich aber eine Abfuhr. „Wenn es zu den Unmöglichkeiten gehört, Deine Eltern für unsere Absichten zu gewinnen, so hoffe ich doch, daß uns dies im nächsten Sommer gelingen wird, obwohl ich nicht glauben kann, daß ich imstande sein würde, von Dir Abschied zu nehmen..."

Er mußte imstande sein. Im Frühjahr 1860 teilte ihm Olga lakonisch mit: „Verdamme mich nicht. Ich fasse mich kurz: seit zwei Wochen bin ich Braut! Vergiß Deinen ungetreuen Kobold!" Jean verdammte sie nicht, er verschmerzte sie und er vergaß sie langsam aber sicher – im Übermaß neuer Arbeit und – in der

Begegnung mit einer anderen Frau, nachdem er auch den Walzer „Les Dames de Petersbourgh“ in „Wiener Frauen“ und die Polka „Im Pawlowsker Wald“ in „Im Krapfenwaldl“ umgetauft hatte. Was blieb von Olga? Die Polka Mazur „L'Espiègle“, oder „Der Kobold“ – das war Jeans Spitzname für Olga -, wie sie in Wien umbetitelt wurde, und die Strauß als Opus 226 in sein Werkverzeichnis aufnahm. Aber vielleicht stammt sie wirklich von Olga selbst und Jean hat sie nur instrumentiert?

Und was blieb von Pawlowsk? Zunächst: „ein Binkel Geld“, um mit Hofmannsthals Marschallin zu sprechen. Tante Josefine Waber, die den alten Strauß immer nur den „Bettgeher der Trampusch“ genannt hatte, reiste ab dem dritten Sommer mit und hielt die Einkünfte des Neffen, der kein „Rechenmeister“ war, wie er selbst bekannte, so streng beisammen, daß Jean ein wohlhabender Mann wurde, ohne es zu ahnen. Darüber hinaus erfuhr er wohl selbst einen weltmännischen Persönlichkeitszuwachs, der sich auch in seinen Kompositionen niederschlug. Und schließlich blieb auch die Bekanntschaft mit der zaristischen Gesellschaft und ihrer Mentalität nicht ohne Nachhall. Die klassische Figur des Dandy-Prinzen Orlofsky und seine musikalische Charakterisierung ist wohl ohne Pawlowsk kaum denkbar.

Jetty Treffz stammte aus einfachen Verhältnissen. Ihr Vater war Gold- und Silberarbeiter in der Josefstadt, ihr bürgerlicher Name lautete Henriette Karoline Chalupetzky, die väterlichen Ahnen kamen aus Prag, die mütterlichen aus Württemberg. Als Künstlerin trug sie den Mädchennamen ihrer Mutter. Ihre Großmutter mütterlicherseits war Schillers romantische Jugendliebe Margarethe Schwan. Frühzeitig war ihre schöne Stimme aufgefallen. Der sächsische Hof ließ sie durch Maestro Gentilhuomo in Gesang ausbilden. Kaum fünfzehnjährig wurde sie vom Direktor der italienischen Oper in Leipzig verpflichtet. Ein Jahr später trat sie Seite an Seite mit der berühmten Schröder-Devrient in Dresden auf. Im Josefstädter-Theater Wien wurde sie die Partnerin und Konkurrentin der „schwedischen Nachtigall".

Die Zeitgenossen schwärmten von ihrem großen samtenen Mezzosopran und ihrer starken Persönlichkeit. Ignatz Schnitzer, der spätere Textdichter des „Zigeunerbaron", schildert sie als eine geistvolle, lebenssprühende Frau mit dunklen Glanzaugen und üppiger Haarfülle: „alles an ihr war Verve und Temperament". Hector Berlioz schrieb ihr Briefe von hymnischer Begeisterung. Ein zartes Kriehuber-Porträt zeigt sie mit lieblichen Biedermeier-Ringellocken und läßt etwas vom Zauber ihrer Weiblichkeit ahnen.

Als Johann Strauß ihren Weg kreuzte, war sie bereits vierundvierzig, um sieben Jahre älter als Jean, Mutter von sieben illegitimen Kindern, vier Söhnen und drei Töchtern, und seit 18 Jahren Hausdame und Geliebte des Bankiers Moritz Todesco, der sich gern Baron und „Ritter von" nannte, was er nicht war. Die schicksalhafte Begegnung fand im Salon des prächtigen Palais Todesco statt, wo Strauß mit dem berühmten französischen Violinvirtuosen Vieuxtemps musizierte. Es war eine Liebe auf den ersten Blick wie auf dem Theater: „Wenn ich heirate, dann diesen oder keinen!", soll Jetty ausgerufen haben.

Im Sommer 1862 befand sich Johann – gemäß seinem Vertrag – in Pawlowsk und an seiner Seite Josef, den er dort bereits eingeführt hatte. Eines Tages erklärte er, sich schwer krank zu fühlen, übergab Josef die Leitung der Kapelle und entfloh nach Wien. Josef schrieb an seine Karoline: „Er war noch nie so gesund... Diesmal hat er Ärzte und Doktoren, alle gefoppt!“ Und am 26. August erhielt Carl Haslinger folgendes Schreiben: „Willst Du morgen um 7 Uhr morgens bei mir erscheinen, um – mein Beistand bei der eine Stunde darauf folgenden Vermählung zu sein? Antworte sogleich, angeschmierter Notentandler! Jean.“ – Die Trauung fand am 27. August 1862 in St. Stephan statt.

Todesco hatte sich großzügig benommen, hatte Jetty freigegeben und seine langjährige Lebensgefährtin mit einer ansehnlichen Gabe bedacht. Jean heiratete eine reiche Frau. Obgleich das jüngste ihrer Kinder, ein Knabe, erst 10 Jahre alt war, strich Jetty – es klingt unglaublich, aber es ist wahr – alle sieben Kinder einfach aus ihrem Leben, um Jean zu heiraten. Und obwohl sie mit 44 damals schon fast eine Matrone war, was auch die erhaltenen Fotografien bestätigen, wurde es doch eine glückliche Ehe. Johann nannte sie eine „gottgesegnete Verheiratung“ und Jetty bezeichnete sich selbst als „das glücklichste Weiberl“. In einem Brief aus Pawlowsk, wohin sie dem Gatten folgte, schwärmte sie vom „idyllischen Leben“ mit dem „Jeanybub..., der mir das Leben wieder wünschenswert erscheinen ließ, nachdem es mir zum Ekel und zur Qual gewesen“. Das läßt darauf schließen, daß sie des Lebens mit Todesco und dessen Börsianer-Milieu schon mehr als überdrüssig war, und daß sie die musische Atmosphäre um Strauß wie eine Wiedergeburt empfand.

Der Vater war zur Trampusch hinabgestiegen, der Sohn stieg mit Jetty gesellschaftlich empor. In ihr gewann er die international erfolgreiche, in London als die „German queen of song" gefeierte Künstlerin, in ihr die Dame und Diplomatin mit den Erfahrungen und dem Flair von Welt, in ihr die reife, bewahrende Mütterlichkeit, die er brauchte, und das musische Verständnis. Sie erkannte und begriff sein Genie, durch sie wurde aus dem - wenn auch schon weltberühmten - Unterhaltungsmusiker vollends der unsterbliche Meister. Sie machte aus dem Schani einen Jeany.

Alle Biographen sind sich darüber einig: Henriette wurde seine Sekretärin, seine Managerin, sein Finanzminister, seine Buchhalterin, seine Krankenschwester, sein „erstes Publikum und die beste Hausfrau". Als sie 1863 Jean nach Rußland begleitete, wo sie bei einem Hofkonzert in St. Petersburg Schubert-Lieder sang, schrieb Bruder Josef, der ursprünglich Vorbehalte gegen diese Ehe hatte, an seine „Lintschi" nach Wien: „Jetty ist unersetzlich. Sie schreibt alle Rechnungen im Hause auf, sie dupliert alle Stimmen des Orchesters, sie sieht in der Küche nach und wacht über das Ganze mit einer Sorgfalt und Liebenswürdigkeit, die bewundernswürdig ist."

Ihre erste Initiative in Wien war, Jeany zu veranlassen, daß er noch einmal um den Ehrentitel des „k. k.-Hofballmusikdirektors" einkam. Und - siehe da - diesmal promptest mit Erfolg. Die Zusage kam bereits fünf Tage nach der Eingabe - ein bürokratisches Wunder: Jean hatte allerdings nicht vergessen, seinen „glücklichen Ehestand" gebührend hervorzuheben. Ohne unfreiwilligen Humor der Behörde ging es dabei freilich nicht ab. Denn in dem Bescheid des Obersthofmeisteramtes wird der „nunmehrige k. k. Hofballmusikdirektor ... in die angenehme Kenntnis gesetzt, daß mit diesem Titel weder ein Gehalt noch ein Anspruch auf die jeweilige Leitung der Hofballmusik verbunden ist“.

Johann bedurfte freilich keines Direktoren-Gehalts. Die Mutter übergab ihm als Hochzeitsgeschenk ein Bündel Banknoten – 60 000 Gulden! – es waren die Einnahmen aus Pawlowsk, die Tante Waber – wie die Fee in Raimunds „Verschwender“ – hinter Schanis Rücken gesammelt hatte. Somit stand die Ehe von vornherein auf solidem wirtschaftlichen Boden. Ein neues Leben konnte beginnen. Henriette wußte ihren Jeany zu bestimmen, die Fiedel und den Taktstock aus der Hand zu legen und sich desto intensiver der Komposition zuzuwenden. Und das war ihre zweite entscheidende Tat. Das Walzergeschäft mit dem „Staberl“ übernahmen künftig die Brüder. Jean war nur noch Gastdirigent in seiner eigenen Kapelle bei besonderen Anlässen.

Um dies zu ermöglichen, mußte freilich vorerst Eduard, der jüngste Strauß, einspringen, weil es Josef allein nicht schaffen konnte. Das geschah zunächst unter Johanns Obhut, der ihn in seine Kapelle aufnahm, und so ging alles glatter als bei Josef. Edis Debut als Dirigent und damit sein eigentlicher Einstieg ins Walzergeschäft fand im Fasching 1861 im Dianabadsaal, im Rahmen eines Monsterballes „Karnevals Perpetuum mobile oder Tanz und kein Ende“ statt, bei dem alle drei Brüder dirigierten. Die Ankündigung verhieß: „Zum ersten Mal in Wien ... Drei Bälle an einem Abend ... Drei große Orcheser“, jedes unter einem Original-Strauß! Dreihundert Musiker spielten 50

Tänze, darunter 14 Walzer, 10 Quadrillen und über 20 Polkas. Den Abschluß bildete eine Monsterquadrille, komponiert von Johann und Josef, bei der die Brüder abwechselnd jeder eine Tour dirigierten, das Finale alle drei gemeinsam musizierten. Davon angeregt soll Johann sein unvergängliches „Perpeduum mobile“ (op. 257) geschrieben haben.

Schon bei seinem ersten eigenen Konzert mit einem Strauß-Orchester im April 1862 nahm auch Edi, wie der Vater und die Brüder, bereits seriöse, ja klassische Musik in sein Programm. Daraufhin schrieb ihm Johann: „Ich gratuliere Dir zum großen Erfolg Deines ersten Auftretens. Doch einen herzlich gut gemeinten Rat laß Dir erteilen, nämlich: Halte die Programme Deiner Konzerte hier nicht so ernst. Das Publikum besucht ein Strauß-Konzert in der Erwartung, heiter gestimmt zu werden ... Vox populi vox Dei! Man will, so ist's auch im Theater, erheitert werden.“

Eduard war der Unkomplizierteste, Gesündeste in der Familie. Der einzige Strauß, der am Dirigentenpult nicht zusammengebrochen ist. Ursprünglich sollte er Priester werden, entschied sich aber bald für den Konsulardienst. Die Anlage dazu hatte er; im Grunde blieb er auch als Musiker immer Diplomat. Strebsam, ehrgeizig und gewissenhaft durchlief er alle Vorstadien zum Konsularbeamten. Studierte neben Latein und Griechisch vor allem die damalige Weltsprache der Diplomaten: Französisch; dazu Italienisch und Spanisch. Zugleich aber sorgte die Mutter für einen geregelten Musikunterricht: er lernte Geige bei Amon und Theorie bei Simon Sechter, dem Lehrer Anton Bruckners, dessen strenge Methode mit der Prießnitzschen Wasserkur verglichen wurde, dazu, auf Drängen Johanns, Pedalharfe bei Zamara.

Trug Josef die Liszt-Mähne, Johann eine Zeitlang den Franz-Joseph-Kaiserbart, so trug sich Eduard auffallend à la Napoleon III. Der „schöne Edi“ hieß er in Wien. Das war keine Ironie, das war Bewunderung. Mit seinem ebenmäßigen Gesicht und seinen dunklen Augen konnte er als männliche Schönheit gelten. Und das galt er auch, besonders bei den Frauen. Ging Johann ohne Geld einkaufen, so empfahl er sich in leiser Selbstironie mit den Worten: „Wissen'S, ich bin nämlich der Bruder vom Edi Strauß!“

Das Organisieren des Walzergeschäftes verstand Edi am besten. Er hatte die stärksten Nerven und die nötige Robustheit. Daß die Kapelle nach Josefs Tod zusammenblieb, ist sein Verdienst. Er hatte freilich auch eine kräftige Portion Mißtrauen gegen alles Positive in der Welt. Decsey nannte ihn „sauertöpfisch“ und stellte fest: „Eduard ist immer etwas beleidigt.“ Sein Fleiß war größer als seine Schöpferkraft. Trotzdem komponierte er unentwegt darauflos, von keinerlei Vergleichen gehemmt. Sein handwerkliches Können schlug sich in 300 Arrangements nieder. Von seinen eigenen Werken ist kaum etwas geblieben. Daß Johann der Bedeutendere war, konnte er ihm nicht verzeihen. „Du siehst doch immer schwarz“, so mahnte ihn Johann einmal, „meinst immer, ich möchte Dir etwas antun wollen. Höre doch einmal mit diesen törichten Auslassungen auf! Wie alt mußt Du denn werden, bis Du endlich einsehen wirst, daß Du in Deinem Bruder keinen Feind zu erblicken hast?“

Seit 1870 leitete Edi allein die Kapelle, bereiste mit ihr die ganze Welt als Verbreiter bester Orchestermusik von Schubert bis Tschaikowsky, von Beethoven bis Strauß, unermüdlich, rastlos. Die Zähigkeit, die eiserne Energie die Vaters lebte in ihm am längsten fort. Während der Hauptsaison in Wien beschäftigte er bis zu 130 Musiker und dirigierte manchmal an vier Orten „persönlich": um 20 Uhr 30 beim Dommayer, um 22 Uhr beim „Schwender", um 23 Uhr in den „Blumensälen", um 24 Uhr 30 im Sofiensaal – bis 1 Uhr 30 früh. So erzählt er selbst in seinen „Erinnerungen" und er klopft sich dabei selbst auf die Schulter: „Eine enorme physische Strapaz!" – Sie dürfte nicht größer gewesen sein als jene, die der Vater fast ständig und Schani in den ersten Jahren auf sich genommen hatten.

In den von ihm eingeführten sonntäglichen „Componisten-Abenden" im Großen Musikvereinssaal – einer Art Gegenstück zu den „Philharmonischen" – brachte auch er Wiener Erstaufführungen von Wagner-Fragmenten: den Trauermarsch aus der „Götterdämmerung" und Teile aus dem „Parsifal": das Vorspiel, den Karfreitagszauber, den Blumenmädchenchor. – Als sich im Frühling 1878 ein Teil seiner Musiker weigerte, bei einer Deutschland-Schweden-Tournee mitzumachen, entließ er sie fristlos. Die Musiker taten sich daraufhin zusammen und traten unter der Leitung von Carl Michael Ziehrer als „frühere Kapelle Eduard Strauß" auf. Edi klagte sie auf Mißbrauch seines Namens – und gewann den Prozeß.

Jahrzehnte nachdem der Vater zur Inthronisation der Queen Victoria aufgespielt hatte, musizierte Eduard vor der nunmehr 74jährigen Königin, die ihn in deutscher Sprache befragte: „War jener Strauß, der mit seiner Kapelle bei meiner Hochzeit spielte, Ihr Vater oder Ihr Bruder?" Und nach der Antwort: „Ich erinnere mich aufs angenehmste, daß Ihr Vater die Walzer so schön und rhythmisch spielte." Vor lauter Freude wäre Edi beim devoten Rückwärtsschreiten beinahe über ein Blumenkistel gestolpert, was die Queen sehr amüsierte. Sie hatte Humor und übergab Strauß ein Etui mit einer Schreibgarnitur aus Silber.

In seinen Erinnerungen zählt Eduard auf, daß er in den 23 Jahren seiner Kunstreisen mit der Kapelle nicht weniger als 840 Städte besucht und bei 14 Ausstellungen sowie vor 25 ausländischen Durchlauchtheiten, vom brasilianischen Kaiser Dom Pedro bis zum ägyptischen Khediven Abbas Pascha, konzertiert und von diesen Hoheiten 4 Commandeur-, 3 Offiziers- und 7 Ritterkreuze erhalten habe. Er vergißt nicht, auch hier auf die „enorme physische Leistung" hinzuweisen, vergißt auch nicht, die gewaltigen Erhaltungskosten der Kapelle von 1879 bis 1900 hervorzuheben, nämlich 1 Million 960 Tausend und 248 Kronen, und die Summe zu erwähnen, die er „für humanitäre Zwecke" gespendet, nämlich 132 000 Kronen, und dabei giftig festzustellen, daß das Mitglied einer der Körperschaften, die er jahrzehntelang unterstützt habe, nunmehr veröffentlicht hätte, daß nach seinem Rücktritt ins Privatleben in Wien kein Hahn mehr nach ihm krähen würde.

Als Jean 1871, auf Jettys Betreiben, auch die Würde und Last eines k. k. Hofballmusikdirektors niederlegte, ging der Titel auf Edi über, der dazu noch von Dom Pedro I. den Titel „Kaiserlich brasilianischer Hofkapellmeister" erhielt. Der prangte auch auf seiner Visitenkarte, was Jean oft zu spöttischen Bemerkungen reizte. Als Eduard von der Stadt Wien die große goldene Salvator-Medaille verliehen wurde, adressierte der Beamte die Einladung zur „stattfindenen Überreichung" an den „Hofballmusikdirektor Johann Strauß"! Ein dummer aber bezeichnender und verhängnisvoller Lapsus. Und als Edi sich eben entschlossen hatte, seinen Ruhestand und sein hart erworbenes Vermögen zu genießen, traf ihn das Schicksal mit einem Keulenschlag. Seine Gattin, die Tochter eines Wiener Kaffeehausbesitzers, verschleuderte zusammen mit ihrem ältesten Sohn - auch er ein Johann - sein gesamtes Vermögen von fast einer Million - nach Edi präzise 738 000 Kronen -, wobei sie noch zusätzlich nicht nur sein Haus so sehr belastete, daß es zwangsversteigert werden mußte, sondern auch noch Verwandtengelder, die ihr zur „Verwahrung" anvertraut waren, veruntreute.

So mußte der 62jährige noch einmal von vorne anfangen. Er raffte sich auf und bereiste noch einmal mit seiner Kapelle die halbe Welt. Noch im Sommer 1900 konzertierte er in 50 Städten Deutschlands, im Winter quer durch Amerika. Mit einem Ball im New Yorker Metropolitantheater, bei dem er wegen einer Verletzung erstmals mit der Linken dirigieren mußte, beendete er seine Tätigkeit. „Am 13. Februar, 11 Uhr vormittags war Schluß-Auszahlung der Kapelle" - so schreibt er verbittert in seinen Erinnerungen - „ich war hocherfreut, mit dieser Kategorie von Menschen nichts mehr zu tun zu haben." Und dann die historische Markierung: „Mit diesem Tage, am 13. Februar 1901, hatte die von meinem Vater vor achtundsiebzig Jahren gegründete Kapelle aufgehört zu sein."

Eduard beschließt seine Memoiren mit der Feststellung, daß sein Lebensweg von Bitterkeit jeglicher Art nicht frei war. „Neid und Bosheit traten mir entgegen, sogar dann noch, als ich mich in den Ruhestand zurückgezogen hatte." Gewiß, das Schicksal hat ihm nichts erspart. Prozesse gegen die eigensten engsten Verwandten am Rande seines Lebens! „Ich weiß nicht", so schrieb er an einen Freund, „ob Du in Kenntnis bist von dem grenzenlosen Kummer, den ich durch Ruchlosigkeit meiner Angehörigen habe, und mich Verhältnisse und Umstände zwangen, ganz allein zu stehen. Ich habe keine Familie mehr!" – Aber den schlimmsten Streich spielte ihm wohl sein eigenes Herz. Ihm fehlte die Liebe. Es mutet tragisch an, zu sehen, wie der von den Frauen so sehr vergötterte „fesche Edi" immer mehr in Groll und Haß erstarrt. Und in dieser Seelenlage beging er jene dunkle Tat, die ihm die Nachwelt nicht vergeben kann: er vernichtete das gesamte Notenmaterial des Orchesters, auch das handschriftliche des Vaters und der Brüder.

Über die Vernichtung des Strauß-Archivs durch Eduard berichtete später der beteiligte Wiener Ofenfabrikant im „Neuen Wiener Journal": „Das Archiv des Hofballmusikdirektors Eduard Strauß ging in meiner Fabrik vor zehn Jahren in Flammen auf. Eduard Strauß hatte es sich in den Kopf gesetzt, sein großes Musikarchiv, das viele Originalhandschriften und ungedruckte Werke enthielt, zu verbrennen. Am 18. September 1907 fragte er bei mir an, unter welcher Bedingung ich in meiner Kachelofenfabrik im IV. Bezirk viele hundert Kilo ‚Makulaturpapier' verbrennen würde. Es wurden zwei Kronen für je hundert Kilo vereinbart. Schließlich folgte die Nachricht, daß die

Verbrennung am Dienstag, dem 22. Oktober 1907 stattfinden werde."

Soweit der Ofenfabrikant. Zu der Menge, die bei ihm in Flammen aufging, kamen noch zwei weitere Wagenladungen, die Eduard in einer anderen Fabrik verbrennen ließ. Zu seiner Entlastung mag gesagt werden, daß es tatsächlich so etwas wie einen Familienvertrag zwischen ihm und Josef gab, wonach der Überlebende von beiden alle musikalischen Arrangements zu vernichten habe, um jeden Mißbrauch damit zu verhindern. Freilich, Josef hätte diesen Vertrag wohl nie eingehalten. – Eduard überlebte seine Brüder und – sich selbst. Vereinsamt und vergessen starb er mitten im Ersten Weltkrieg – 1916, fast gleichzeitig mit dem alten Kaiser im 81. Lebensjahr.

Doch zurück zu Josef, dem Erstaunlichen, der schon im Frühsommer 1856, als Jean seine erste Rußlandreise antrat, also schon drei Jahre nach seinem Debut, den Taktstock ablegte und mit der Geige dirigierte. Der im Juli 1860 im Volksgarten Teile aus Wagners „Tristan", der damals noch gar nicht uraufgeführt war, dirigierte; Wagner hatte das Werk erst 1859 vollendet, die Proben in der Wiener Hofoper begannen 1861 und endeten damit, daß das Musikdrama nach der 77. Probe als unspielbar abgesetzt wurde. Im selben Jahr 1861 besuchte Wagner eines der Volksgarten-Konzerte und sprach sich höchst lobend über Josefs Bearbeitungen seiner Musik aus. Woher Josef eigentlich das Notenmaterial für den „Tristan" genommen hatte, bleibt unklar.

Die Ablöse Johanns durch Josef in Pawlowsk ging nicht ganz reibungslos vor sich. Jean mißtraute Pepi und dieser war über die neue Aufgabe durchaus nicht erfreut. „Ich mag dieses Engagement nicht“, schrieb er an seine Lina. „Aber wenn man mir eine günstige Bedingung macht, so nehme ich zwei Jahre an, um – ich bekenne es Dir, Du mein einziges, höchstes Gut, das ich habe – Dir ein kleines Vermögen zu hinterlassen. Das ist mein Wille!“

Im Sommer 1869 weilten beide in Pawlowsk. Johann führte den Bruder ein und machte ihm zugleich einen denkwürdigen Vorschlag: „Ich habe meinem Bruder den Rat erteilt, etwas zu komponieren, was in Petersburg zündet“, schrieb er an Jetty, „und schlug ihm die Pizzikatopolka vor. Er wollte nicht daran – er war immer unschlüssig – endlich machte ich ihm die Proposition, die Polka solle von uns beiden geschaffen werden. Darauf ging er ein.“ Und so entstand die unvergängliche, perlende „Pizzikatopolka“, die beider Namen trägt. Johanns strahlende Beschwingtheit und Josefs Polkameisterschaft haben sich zu einer einmaligen Köstlichkeit verbunden. Übrigens: Josef schrieb den Mittelteil, Johann den Beginn und das Ende, die Coda.

KAPITEL IV

Donau so blau

JOHANNS TRIUMPH IN PARIS UND JOSEFS TOD IN WARSCHAU

Nach der Niederlage bei Königgrätz stellte Johann sein Haus als Offiziersspital zur Verfügung und übergab dem Wiener Bürgermeister den Ertrag eines musikalischen Praterfestes für die verwundeten Krieger, was Theodor Billroth zu der kritischen Bemerkung veranlaßte: „Wir stecken mit Strauß den Kopf in den Sand unserer Gemütlichkeit." Die Wiener aber stellten melancholisch fest: „So a schön's Militär hab'n wir g'habt! Und was haben s' g'macht mit ihm? In 'n Krieg hab'n es g'schickt!"

Jetty, die den distanzierten, zögernden Josef mit liebenswürdiger Diplomatie gebeten hatte: „Biete mir Deine liebe Hand und unterstütze mich bei der schönen Aufgabe, mir die Liebe und Zuneigung Deiner Familie zu erwerben" – Jetty zog mit Jeany natürlich nicht ins Hirschenhaus. Die erste Wohnung des „jungen" Paares war das Haus Praterstraße 54, die Geburtsstätte des „Donau-Walzers", der seine eigene Geschichte hat.

Die Jahrhundertgabe des Walzers „An der schönen blauen Donau" verdankt man indirekt dem späteren Hofoperndirektor Johann Herbeck. Als damaliger Chormeister des Wiener Männergesangvereins bestellte er bei Johann einen Chorwalzer für die Liedertafel des Vereins, die wegen der noch bestehenden gedrückten Königgrätz-Stimmung – man schrieb die Jahreswende 1866/67 – statt des traditionellen Narrenabends angesetzt war. Der Titel des Walzers fand sich in einem Vers des sozialen Dichters Karl Beck, der bei der 48er Revolution dabei war, aber zuvor schon die

Walzerdioskuren besungen hatte: „O, Strauß und Lanner, wandernde Propheten, / die sich der Gott des Tanzes auserkor!..."

Es war Jeanys erster Chorwalzer. Die nachträgliche Textierung besorgte der Hausdichter des Männergesangverein Josef Weyl, von Beruf Polizeikommissar. Er dichtete:

„Wiener seid froh!"
„Oho! Wieso?"
„Ein Schimmer des Lichts..."
„Wir seh'n noch nichts!"
„Der Fasching ist da!"
„Ah so, na ja!"
„Was hilft denn das Trauern
und das Bedauern?
Drum froh und heiter seid!"

Ganz so läppisch, wie er uns heute vorkommt, war der Text nicht. Er sollte auftragsgemäß aktuell und heiter sein, und er sollte die Stimmung der Wiener nach dem Unglücksjahr 1866 mit der tragischen Bruderschlacht bei Königgrätz berücksichtigen. Das tat er pflichtschuldig. Erst über zwei Jahrzehnte später wurde er durch einen neuen Text („Donau so blau") von Franz v. Gernerth ersetzt. Und den singen heute noch die Wiener Sängerknaben.

Die Uraufführung fand am 15. Februar 1867 im Dianabadsaal statt. Der Chormeister des Männergesangvereins Rudolf Weinwurm begleitete die Mannen mit einer Regimentskapelle. Strauß war nicht anwesend; er und sein Orchester hatten Hofdienst. Die Nachricht, daß der Walzer durchgefallen sei, ist eine Falschmeldung. Das beweisen die zeitgenössischen Berichte. „Der liebliche Walzer mit seinen einschmeichelnden Rhythmen dürfte bald zu den populärsten des fruchtbaren Tanzkomponisten zählen", schrieb die „Presse" zwei Tage nach der Premiere. Und am selben Tag das „Fremdenblatt": „Der Walzer war wahrhaft prachtvoll... Die Komposition wurde jubelnd aufgenommen und mußte auf allgemeines Verlangen wiederholt werden." Also nur eine Wiederholung! Das war es! Als Johann davon hörte, meinte er zu Josef: „Den Walzer soll der Teufel holen – nur um die Coda tut's mir leid." Aber wie oft kann man eigentlich einen Chorwalzer wiederholen, noch dazu im Rahmen eines bunten Abends mit Monsterprogramm, das nebst Chören auch heitere Vorträge und Sketche, unter anderem eine Sophokles-Parodie und ein schauriges Ritterstück „Heinz, der Bluthund", umfaßte und geschlagene fünf Stunden währte? Freilich, vom Ewigkeitswert des Walzers, vom kommenden Welterfolg war damals nichts zu spüren.

Das begann erst in Paris, wo 1867 die Weltausstellung stattfand. Die Anekdote berichtet, daß ein begeisterter Gast von Johanns Volksgarten-Konzerten, der populäre Graf d'Osmond, Strauß mit den Worten nach Paris gelockt haben soll: „Ich werde Sie dort protegieren, Sie werden konzertieren, werden faszinieren und reussieren...", worauf Strauß ergänzt haben soll: „...und mich blamieren und Sie sich genieren." Der Graf aber, der nicht locker ließ, habe das Gespräch beendet: „Ich geh' depeschieren, wann wir arrivieren!"

Tatsächlich war es Pauline Metternich, die für den Österreichpavillon der Weltausstellung eine Attraktion suchte und – in Johann Strauß fand. Pauline, Tochter des von Sensationen umwitterten ungarischen Parforce-Reiters Graf Sandor, war die Gattin des österreichischen Botschafters in Paris, Richard Metternich, dem sie in gesellschaftlich-kulturellen Angelegenheiten zur Seite stand. Sie trug nicht nur dazu bei, den Glanz der Weltausstellung zu erhöhen, sie wurde später auch eine Art Wahrzeichen von Wien als geistiger und organisatorischer Motor der Prater-Korsi wie der glanzvollen Redouten und Wohlfahrtsveranstaltungen der Ringstraßenzeit. Die Anekdoten um sie und ihre extravagante Persönlichkeit sind Legion.

Johann Strauß hatte ihr schon 1866 sein Opus 307, den Walzer „Wiener Bonbons" gewidmet. Jetzt durfte er in Paris den Botschaftsball dirigieren, ein Fest der höchsten Kreise: das französische Kaiserpaar, Napoleon III und Eugenie, das belgische Königspaar und Kronprinz Friedrich von Preußen hörten zu, als er – diesmal ohne Chor – den „Donau-Walzer" brachte. Im übrigen konzertierte er gemeinsam und abwechselnd mit dem königlich-preußischen Musikdirektor Benjamin Bilse und dessen 50-Mann-Orchester in einem Konzertsaal des Ausstellungsgeländes, dem „Circle International" - zunächst bei mäßigem Zulauf.

Da kam eines Tages rein zufällig Herr Jean Hippolyte de Villemessant, der Herausgeber des „Figaro" und also einer der einflußreichsten Männer Frankreichs, vorbei und hörte die Berliner Bilse-Kapelle mit Strauß am Pult. Delikat! Das war ja fast ein kleines Gegen-Königgrätz! Ein herrlicher Stoff für ein Feuilleton, mehr noch ein Zeitungs-„Knüller"! Anderntags erschien im „Figaro" ein Leitartikel, von Villemessant selbst verfaßt. Er schrieb, verzaubert vom Donauwalzer, den er natürlich ohne Gesang gehört hatte, vom

Schöpfer dieses Walzers, der „den Teufel im Leib hat", und daß man die Musiker der französischen Opernhäuser zu ihm schicken sollte, damit sie lernen, was glänzende Musik ist.

Damit war eine Lawine losgetreten. Ein förmlicher Reklame-Sturm setzte ein und jetzt stürmten die Pariser auch die Strauß-Konzerte. Villemessant stößt nach, gibt eine Soirée in seiner Redaktion. Und da finden sich auch die geistigen Spitzen der Seinestadt ein: Gustav Flaubert, Dumas d. J., Turgenjeff, Ambroise Thomas ... Jetzt wollen auch die anderen Blätter nicht nachstehen. Der Journalist Victor Tissot stellt fest, daß Strauß' Musik „Über alle Grenzen unserer Kultur klingt, bis nach Amerika und Australien, und selbst hinter Chinas großer Mauer noch Echo erweckt". Ähnliches hatten wir schon von Vater Strauß gehört. Johann organisiert eine Gegeneinladung im „Cercle" und beendet jedes seiner Konzerte mit dem „Donauwalzer". Am Montmartre pfeift man seine Melodien.

Jetty schreibt jubelnd nach Wien: „Das Publikum ist so rasend, daß ich keine Worte finde. Jean ist hier der Löwe ... es ist ein Fieber, ein kolossales Glück. Es kommen Anträge, Amerika ist schon darunter – fabelhaft!" Die stürmische Erfolgswelle brandete auch nach England hinüber, wo Jetty selbst, mit Jean am Flügel, Lieder und Arien sang. Jean dirigierte in London sechs Monsterkonzerte: mit der Krönungsmusik des Vaters von anno dazumal, mit der eigenen neuen Verwalzerung englischer Volksweisen und – immer mit dem „Donauwalzer" als krönendem Abschluß. „Großartiger Jubel wie nie im Leben!", notierte Jean in sein Tagebuch.

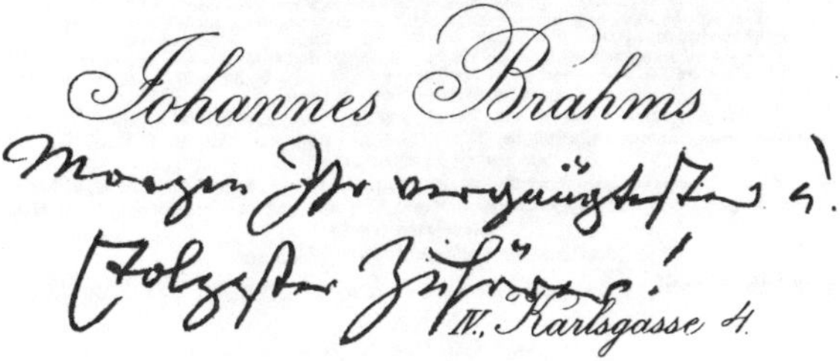

*10/11 Joh. Strauß Sohn in einer Karikatur des „Wiener Punch“
Unten, Visitkarte mit Zusage von Brahms*

Samstag den 27. Oktober 1849

in den sämmtlichen Saal-Lokalitäten

ZUM SPERL

mit brillanter Beleuchtung

großes

Erinnerungs-Fest,

unter dem Titel:

„Gruß an Strauß."

Außer den beliebtesten Compositionen von weiland

JOHANN STRAUSS,

welche von dessen Orchester

unter der Direktion des Johann Strauß Sohn.

aufgeführt werden, sind besonders zu bemerken:

Täuberl-Walzer, erste Walzerparthie, darauf
Toldaten-Lieder, letzte Walzerparthie.
Carneval von Venedig, Fantasie.
Großes Potpourri, Ein Strauß von Strauß.
Nachruf an Strauß, Fantansie (mit Benützung Strauß'scher Melodien), eigens zu diesem Feste komponirt von **Carl Haslinger.**
Gruß an Strauß, (Melodramatisches Gedicht von **Wilhelm Just,** jun., für Orchester und Militär-Musik-Capelle, eigens zu diesem Feste komponirt von **Fr. v. Suppè,** Kapellmeister am k. k. privil. Nationaltheater an der Wien), vorgetragen von **Carl Treumann,** Mitglied des k. k. priv. Nationaltheaters an der Wien.

Welcher echte Wiener erinnert sich nicht mit innigem Vergnügen an Vater **Strauß** und seine herrlichen Melodien. Wie viele unvergeßliche Stunden beschwor er Jedem durch seiner zauberischen Geige Ton. Wir Alle sind ihm deßhalb Dankbarkeit schuldig und kein Wiener wird fehlen, ihm selbe zu bezeugen. Leider kann man den Manen großer Männer nur dadurch die gebührende Achtung und Dankbarkeit zollen, wenn man ein bleibendes Zeichen der Erinnerung an die Stätte ihrer ewigen Ruhe setzt, bei dessen Anblick der Enkel sich erinnert: **„Hier liegt ein Genie!"** Reichen wir Wiener uns deßhalb die Hände, und setzen wir ein Denkmal unserer Liebe und Verehrung dem Vater **Strauß!** Einfach wie seine Melodien, bezeichne es Jedem für künftige Zeiten den Ort, an dem unser gemüthlicher **Strauß** ruht! Er selbst hat sich in den Herzen eines jeden Oesterreichers ein ewiges Monument erbaut.

Das Bild des Denkmals entworfen von Jachimowicz, Decorateur des k. k. priv. Th. in der Josefstadt, ausgeführt von Grünfeld, Maler, wird bei obiger Festlichkeit den P. T. Subscribenten zur Ansicht im Saale aufgestellt.

Die Mitwirkung der Herren Carl Treumann, Franz v. Suppè, Adolf Müller, Carl Binder, Wilhelm Just, Reg., hat Herr Direktor Franz Pokorny auf das bereitwilligste zu diesem Unternehmen zugesagt.

Die Musikstücke werden ausgeführt von dem

Orchester weil. Strauß, unter persönlicher Leitung des **Johann Strauß Sohn,**

in den obern Sälen.

Die Militär-Musik-Capelle des

12 Erinnerungsfest beim Sperl

Und jetzt brach die Lawine über den Verleger Spina herein, zu dem Jean nach seiner Hochzeit übergewechselt war. Bestellungen aus aller Herren Länder trafen ein. Der „Donauwalzer“ wurde kistenweise versandt. Die Auflage wuchs ins Gigantische. In Kürze war eine Million erreicht. Von einer Kupferplatte konnten 10 000 Abzüge hergestellt werden. Das reichte bisher bei den beliebtesten, meistgefragten Stücken. Spina benötigte 100 Platten, um den ersten Ansturm bewältigen zu können. Johann hatte davon keinen materiellen Nutzen. Sein Honorar für den „Donauwalzer“ betrug 250 Gulden. Spina legte später noch ein Ehrenhonorar von 400 Gulden zu. Strauß' Honorar als Dirigent des Walzers übertraf das bescheidene Kompositionshonorar bald um das Siebenfache!

Wer die Donau kennt, weiß, daß sie nur dann blau erscheint, wenn man von den Wienerwald-Bergen auf sie herabsieht und sie den wolkenlosen Himmel widerspiegelt. Sonst ist sie schilfgrün, und silbergrau im Frühling, wenn die Schmelzwässer die Alpen herabfluten. Seit Johann Strauß ist sie blau. Hanslick, der angesichts der Straußschen Konzertwalzer zunächst vom „Walzer-Requiem“ faselte, fand über den „Donauwalzer“ schließlich zu dem Urteil, es sei „ein patriotisches Volkslied ohne Worte“, und seine Melodien haben „die Bedeutung eines Zitates für alles, was es Schönes, Liebes und Lustiges in Wien gibt“. Österreich hatte seine zweite, heimliche Volkshymne, der simple D-Dur-Dreiklang wurde zur Weltbezauberung.

Um diese Zeit schrieb Jetty an ihre Schwägerin Karoline: „Hätte Pepi nur etwas von Jeans ‚Suada‘, er säße schon fest. Er ist aber zu timid, verschlossen und wenig Weltmann, was von seinem steten Zimmerhocken kommt. Der Künstler muß hinaus ins Leben; nicht allein, was er schafft, genügt – er muß es bevormunden durch sein Selbst...Pepi ist ganz Innerlichkeit und verschmäht allen Schein – und die heutige Welt hält viel auf den Schein."

Josef wurde in Pawlowsk nicht glücklich. Die Sehnsucht nach Lina tat das ihre: „Ich will mich von Dir nicht mehr trennen. Es ist nur der Gedanke an Dich, der es mich hier aushalten läßt." Und mit seiner Gesundheit ging es bedenklich bergab: „Ich sehe nicht gut aus, ich bin blasser geworden, die Wangen hohler, die Haare habe ich verloren. Ich bin im ganzen abgestumpft, ich habe keine Anregung zum Arbeiten. Die ganze Phantasie erstickt hier vor lauter Langeweile und ewigem Einerlei."

Josef war schon als Kind kränklich. Mit Ohnmachtsanfällen und ständigen Kopfschmerzen hatte er schon in der Jugend zu kämpfen. Dem aufreibenden Musizierbetrieb war er am wenigsten gewachsen. Er steigerte seine nervöse Reizbarkeit, die ihm der Vater vererbt hatte. Er tat freilich auch nichts für seine Gesundheit. Er komponierte sich halb tot; er hat die meisten Arrangements gearbeitet – nicht weniger als 500 an der Zahl –, er verbrachte zuletzt nächtelang kartenspielend im Kaffeehaus und rauchte bis zu 20 Zigarren im Tag. 1870 starb die Mutter an „Lungeneiterung", das heißt wohl Lungenentzündung, im 69. Lebensjahr. An ihrem Totenbett brach Josef bewußtlos zusammen.

Schwer getroffen reiste er nach Warschau, um eingegangene Konzertverpflichtungen zu erfüllen. Dort erwarteten ihn lauter Mißstände. Zunächst blieb das gesamte Gepäck samt Noten und Instrumenten beim Zoll hängen. Dann gab es Mängel im Quartier. Zuletzt stand Josef vor einem unvollständigen Orchester; sieben Musiker waren ausgeblieben, darunter die wichtigsten. Edi mußte von Wien Ersatz schicken, die Eröffnung der Saison um eine Woche verschoben werden. Beim vierten Konzert ereignete sich dann die Katastrophe. In einem Potpourri übersah der Konzertmeister eine Kürzung und der „Umschmiß" war da. Josef verlor die Nerven und das Bewußtsein und stürzte vom Podium.

Als Lina mit Jetty nach Warschau kam, fanden sie einen Sterbenden vor, „an den Gliedern gelähmt, der Sprache kaum mächtig". Der Warschauer Arzt konstatierte „Gehirnschlag", die Ärzte in Wien, wohin man den Kranken überführte, stellten die „Berstung eines Neugebildes im Gehirn" fest und das bedeutet wohl, daß Josef seit Jahren an einem Gehirntumor gelitten hatte. Er starb knapp vor seinem 43. Geburtstag, am 22. Juli 1870 und wurde, in Mozarts Nähe, im Familiengrab am St. Marxer Friedhof bestattet.

Da die Witwe eine Obduktion strikt ablehnte, machten sich bald allerlei widerliche Gerüchte breit. Es gab Pressemeldungen, die den Tratsch bestätigten, Josef sei von betrunkenen russischen Offizieren schwer mißhandelt worden, weil er ihre chauvinistischen Wünsche nicht erfüllt habe. An den „Säbelhieben" sei er zugrunde gegangen und in Warschau begraben worden. Nach Wien habe man eine Wachspuppe überführt und hier begraben. Die Witwe habe dafür von der russischen Regierung ein entsprechend hohes Schweigegeld erhalten. In Wahrheit sprang Johann für den toten Bruder ein, führte die Warschauer Saison zu Ende und übergab Karoline den Reingewinn des Unternehmens von 14 000 Kronen.

Als Karoline ihrem hilfsbereiten Schwager auf dessen Bitte den musikalischen Nachlaß Josefs übergab, munkelte man, Johann hätte ihn der Schwägerin „abgekauft", um ihn für sich und seine „Fledermaus" auszuschlachten. Edi, der selbst Ansprüche auf diesen Nachlaß erhob, dementierte dieses Gerücht nicht, sondern nährte es noch. Nebstbei rechnete er der Witwe vor, daß sie nach dem Warschauer Honorar mit dem Anteil der Hinterlassenschaft der Mutter Anna von 6000 Kronen und der Erbschaft eines Onkels von 15 000 Kronen über das stattliche Vermögen von 35 000 Kronen verfügt habe. Wie dem auch sei, Tatsache ist, daß Josef bald nach seinem Tode immer mehr in Vergessenheit geriet, daß Edi die Witwe nur so weit unterstützte, wie es im Vertrag stand, um keinen Heller mehr, daß Karoline im November 1900 völlig verarmt in Niederösterreich gestorben und ihre Tochter Lina, Josefs einziges Kind, im Ersten Weltkrieg „an den Folgen eines Hungerödems" zugrunde gegangen ist.

KAPITEL V

Glücklich ist wer vergißt

DAS AMERIKANISCHE ABENTEUER UND DER SPRUNG AUF DIE BÜHNE – JETTYS TOD UND DIE BLONDE LILY

Im Jahr 1870 zogen Johann und Jetty von der Praterstraße, dem „Donauwalzer-Haus“, in ihre Villa in Hietzing nächst Schönbrunn, die sie sich mit ihrem Vermögen und mit Jettys erlesenem Geschmack erbaut hatten – ein kaisergelbes Stöckl mit grünen Fensterläden und vergoldetem Gitter. Ein Hort der Wohlhabenheit und Sinnbild des überhöhten Lebens und der neuen Epoche in Johanns Leben. Hier ging der Traum des Vaters in Erfüllung: der Walzer als absolute Musik, empfangen fern vom Tanzboden. Jetzt entstehen die Straußschen Ewigkeitswalzer: „Künsterleben“, „G'schichten aus dem Wienerwald“, „Wein, Weib und Gesang“, „Freut euch des Lebens“ und „Wiener Blut“, bei dessen Uraufführung im Musikverein anläßlich der Hochzeit einer Kaisertochter 1873 Strauß zum ersten Mal die Wiener Philharmoniker dirigierte.

Schon zwei Jahrzehnte vorher, nach der „Annen-Polka“, hatte Hanslick konstatiert: „Strauß' Sohn trägt jetzt rühmlich den nicht leichten Schmuck seines Namens!“ Und er hatte ihn gegen diverse Angriffe „mißlauniger Altertümler“ verteidigt, denen man „mit beschämender Großmut des jüngeren Strauß ‚Liebeslieder‘ zum Ständchen bringen sollte“. Zwei Jahrzehnte später hat ein anderer Großer, ein Wahlwiener, der beide, Strauß und Hanslick, zu seinen Freunden zählte, „Liebeslieder-Walzer“ geschrieben: Johannes Brahms, dem Johann seinen Walzer „Seid umschlungen Millionen“ zugeeignet hat.

Anläßlich seiner von ihm erbetenen Enthebung vom Amt des Hofballmusikdirektors wurde Strauß vom Kaiser das Ritterkreuz des Franz-Joseph-Ordens verliehen.

Man hatte also schon vergessen und vergeben. Und aus dem liberalen Schani war längst ein kaisertreuer Untertan geworden. Seine musikalischen Treueschwüre sprachen für sich: zum mißglückten Attentat auf Franz Joseph komponierte er prompt einen „Kaiser-Franz-Joseph-Rettungs-Jubel-Marsch", zur Vermählung des jungen Kaisers mit Sissy die „Myrthenkränze", die in der Einleitung die österreichische und deutsche Volkshymne verflochten, und viel später dann noch die „Myrthenblüten" zur Kronprinzenhochzeit, seinen letzten Chorwalzer, 1881 vom Wiener Männergesangverein unter seiner Leitung im Prater aus der Taufe gehoben.

Jetty soll einmal über ihren Gatten gesagt haben: „Ohne mich wäre Jean nur ein Edi mit Genie geworden." Das wurde mit Recht bezweifelt. Eine derart hochnäsige, taktlose Äußerung fügte sich schlecht in das Bild dieser zwar selbstsicheren aber klugen, dezenten Frau. Sie hat nicht nur Johanns Genie, sondern auch seine menschlich so noble Art erkannt und sie hat beides mit mütterlicher Liebe gehegt. Umgekehrt wird oft angedeutet, daß Jean während seiner Ehe mit der um so viel älteren Jetty seine kleineren und größeren Seitensprünge gemacht habe, die Jetty klug und großzügig übersah. Beweise gibt es dafür keine. Aber es wäre fast verwunderlich, wenn es im Leben des von allen Frauen angehimmelten Walzerkönigs solche Seitensprünge nicht gegeben hätte. Um vieles später fragte Hanslick den Freund einmal, warum er nicht seine Memoiren schreibe, und erhielt zur Antwort: „Ich hab's probiert, und meiner Frau einiges diktiert... aber es war unmöglich... nein, das geht wirklich nicht!"

Johanns Italientournee von 1874 wurde laut Pressemeldung, „ein Triumphzug sondergleichen bis nach Neapel, trotz Irredenta und Habsburgerhaß". Theodor Billroth, auf Urlaub im Süden, schrieb an Brahms: „Hat Wien früher viel Freude durch italienische Musik gehabt, so zahlt es diesen Genuß jetzt reichlich durch Strauß zurück!"

Drei Jahre später reiste Johann abermals nach Paris, um dort die Opernbälle zu leiten. Deren Dirigent, ein „französischer Strauß", inszenierte eine Pressekampagne gegen den lästigen Konkurrenten und musikalischen „Gastarbeiter", worauf die französischen Musiker meuterten. Und wie verhielt sich Strauß, der Wiener Kavalier? Er spendete den Pariser Musikern einen angemessenen Geldbetrag und bat um Aufnahme in ihren Verband. Fazit: Man ernannte ihn zum Ehrenmitglied. Nachher dirigierte er noch ein Wohltätigkeitskonzert und – empfing vom Staatspräsidenten das Ritterkreuz der Ehrenlegion.

Victor Tissot bezeichnete die Straußsche Musik als eine „lebendige, leichte, geistreiche, prickelnde" Musik und nannte sie ein „Produkt des Wiener Bodens", exportfähig wie Champagner. Aber sie wurzelte nicht nur im Heimatboden, sie wuchs auch vom Konzertsaal in den Volksboden hinunter. Ein Paradebeispiel ist der „Frühlingsstimmen-Walzer", dessen kunstvolle Springbrunnen-Melodie durchaus nicht einfach ist: Bianca Bianchi, die berühmte Koloratursängerin, die eigentlich Bertha Schwarz hieß und aus Heidelberg stammte, sang ihn auf der Opernbühne, Alfred Grünfeld, dem er gewidmet war, spielte ihn im Konzertsaal, der Fiakerkunstpfeifer „Baron Jean" brachte ihn mit Schrammel-Begleitung den Heurigenbesuchern bei einem Glaserl Grinzinger.

Als Alfred Grünfeld wieder einmal „auf allgemeines Verlangen" den „Frühlingsstimmen-Walzer" als Zugabe gespielt hatte, meinte Johann zu ihm: „So schön wie du ihn spielst, ist der Walzer eigentlich gar nicht!" – Der poetische Musikschriftsteller Otto Flake aber schrieb: „Er ist doch der schönste Walzer für ganz junge Mädchen, die nicht um des Mannes willen und mit dem Manne tanzen, sondern ganz zärtliche Vorstellungen von elfenhafter Jugend, lichtgrünen Buchenwäldern im Mai und weißen Kleidern haben..."

Von London aus hatte einst der Vater mit brennenden Augen über den „großen Teich" geschaut, dorthin, wo die „göttliche" Fanny Elßler eben legendäre Triumphe gefeiert hatte. Jetzt wagte der Sohn, was dem Vater unerfüllt geblieben war: den Sprung nach Amerika. Die Einladung kam zur Hundertjahrfeier der Nordamerikanischen Unabhängigkeitserklärung von 1776. Und da Boston schon 1772 die Lostrennung von England betrieben hatte, plante der Manager und Bandleader Patrick Gilmore, ein irischer Einwanderer und Propagandist großen Stils, eine gigantische Vorfeier für 1872 in Boston. Gilmore kam persönlich zu Strauß nach Hietzing und machte ihm ein sagenhaftes Angebot: freie Fahrt samt Aufenthalt für ihn, Jetty, Kammerdiener und Zofe; Honorar: im Vorhinein auf Sperrkonto 100 000 Dollar. Daraus machte dann Jetty in einem Interview 25 000 Dollar.

Strauß zu Gilmore: „Und wenn mich Ihnere Indianer massakrieren?“ Er unterschrieb trotzdem. Und mußte deshalb sogar eine Verpflichtung in Pawlowsk versäumen, was ihm einen geschmalzenen Prozeß eintrug, den er verlor. Ehe das Paar die Reise antrat, machten beide ihr Testament, in dem sie einander zu Universalerben einsetzten. Die Überfahrt mit dem Dampfer „Bremen“ begann am 1. Juni 1872 und dauerte 16 Tage. Erstaunlich, daß der reisescheue Jean dieses Risiko auf sich nahm; noch erstaunlicher, daß er die Fahrt in bester Verfassung überstand. Johann Strauß blieb als einziger seiner Umgebung seetüchtig und dirigierte, zur allgemeinen Freude, die auf dem Dampfer mitreisende Kapelle des Ersten Preußischen Garderegiments.

Schon bei seiner Ankunft in Boston bekam er einen Vorgeschmack von der amerikanischen Publicity. Von Tribünen und Wänden grüßten ihn Riesenplakate, auf denen er selbst als Walzerkönig mit dem Taktstockszepter auf der Weltkugel thronte. Und dann der „Konzertsaal“! Gilmore hatte für das Friedensfest eine Arena mit einem Fassungsraum bis zu 50 000 Menschen errichtet: 35 m hoch, an die 100 m breit und über 160 m lang. Das Programm verhieß die Mitwirkung von 20 000 Sängern und 2 000 Instrumentalisten mit einer zweieinhalb Zentner schweren Trommel von dreieinhalb Meter Durchmesser.

Aber lassen wir Strauß selbst erzählen: „Auf der Musikertribüne befanden sich Tausende Sänger und Orchestermitglieder und das sollte ich dirigieren! Zur Bewältigung dieser Riesenmassen waren mir hundert Subdirigenten beigegeben ... Plötzlich ein Kanonen-

13 Diener Peter und Verleger Lewy karikiert von Joh. Strauß Sohn

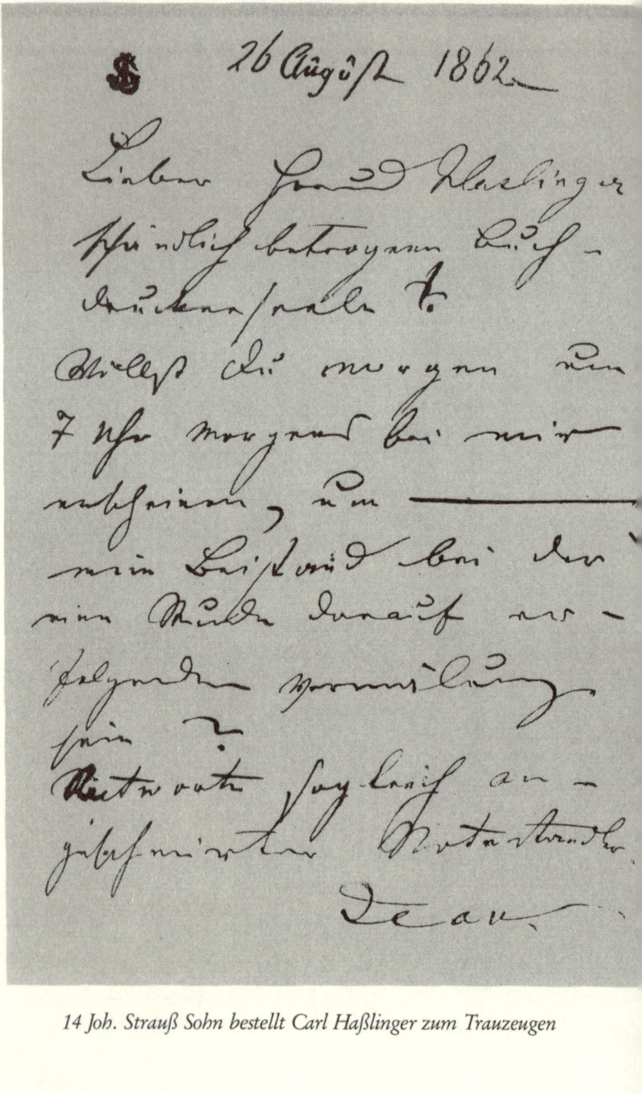

26 August 1862

Lieber Freund Haslinger
Schändlich betrogene Buch-
druckerseele!

Willst Du morgen um
7 Uhr morgens bei mir
erscheinen, um
mein Beistand bei der
nun Morgen darauf er-
folgenden Vermählung
sein?
Antworte sogleich an-
geschmierter Notenstecher
Jean.

14 Joh. Strauß Sohn bestellt Carl Haßlinger zum Trauzeugen schuß – ein zarter Wink für uns Zwanzigtausend, das Konzert zu beginnen."

Strauß erzählt weiter: „Die ‚Blaue Donau' steht auf dem Programm. Ich gebe das Zeichen, und nun geht ein Heidenspektakel los, den ich mein Lebtag nicht vergessen werde. Da wir so ziemlich zu gleicher Zeit angefangen hatten, war meine Aufmerksamkeit nur noch darauf gerichtet, daß wir auch zur gleichen Zeit aufhörten. Gott sei Dank, ich brachte auch das zuwege. Die hunderttausendköpfige Zuhörerschaft brüllte Beifall, und ich atmete auf, als ich mich wieder in freier Luft befand und festen Boden unter meinen Füßen fühlte ... Am nächsten Tag mußte ich vor einer Armee Impresarios die Flucht ergreifen, die mir für eine Tournee durch Amerika ein ganzes Kalifornien versprachen. Ich hatte an dem einen Musikfest gerade genug und kehrte mit möglichst beschleunigter Geschwindigkeit nach Europa zurück."

Hier hat der gute Jean geflunkert. Erstens: Er kehrte nicht beschleunigt nach Europa zurück, sondern dirigierte in Boston noch zwei Riesenbälle und ein Dutzend Konzerte und fuhr daraufhin mit der Eisenbahn nach New York, wo er noch drei weitere Konzerte gegen ein Honorar von viereinhalbtausend Dollar gab.

Zweitens: Nicht er, sondern Gilmore dirigierte das Monsterspektakel mit Chor und Orchester, einem halben Dutzend Kirchenglocken, 15 Kanonen und 100 Ambossen, auf die die Bostoner Feuerwehrleute losschlugen. Strauß brachte – allerdings mit einem Tausend-Mann-Orchester! – seine berühmten Walzer, von den „Morgenblättern" bis zur „Blauen Donau", fügte als Schlager noch einen eigens für Amerika fabrizierten „Jubilee Waltz" hinzu, der die Sternenbannerweise verwalzerte, und siegte spielend über Gilmores Spektakel, das er dann in seine Geschichte mit einbezog und auf sich übertrug. Am 13. Juli verließ er Amerika mit dem Dampfer „Donau". Er ist nie mehr dorthin zurückgekehrt.

Da in Wien wieder einmal die Cholera umging, machte Strauß bei der Heimreise einen Abstecher nach Baden-Baden. Dort leitete er die Kurkapelle für wohltätige Zwecke und spielte vor der kaiserlichen Familie, für die er eine „Kaiser-Wilhelm-Polonaise" mitgebracht hatte. Der alte Wilhelm verliebte sich in die „Morgenblätter" und in die „G'schichten aus dem Wienerwald", die er sich immer wieder vorspielen ließ, und heftete Johann den Roten Adlerorden an die Brust.

Unter den begeisterten Zuhörern der Kurkapelle befanden sich Johannes Brahms und Hans von Bülow, der eine zündende Ansprache hielt und fasziniert nach Hause schrieb: „In Baden-Baden habe ich meine Station über Absicht ausdehnen müssen. Da war ein Zauberer, dem ich ganz einzige Kunstgenüsse zu verdanken habe. Sie erraten nicht, wen ich meine? Johann Strauß ... Das ist einer meiner wenigen Kollegen (ja!), vor denen ich ungeschmälerte Hochachtung haben kann. Von dem kann unsereins was lernen!"

Wieder in Wien wagte Strauß den zweiten entscheidenden Schritt, der ihn weit über die Sphäre des Vaters erhoben hat: den Schritt auf die Bühne. Im Grunde standen dort schon mit einem Fuß seine Chorwalzer; man brauchte sich nur die Kostüme dazuzudenken. Decsey behauptet, daß Offenbach den Anstoß gegeben habe. Bei einer Begegnung im Jahr 1864 im „Goldenen Lamm“ soll er zu Strauß gesagt haben: „Sie sollten Operetten schreiben. Sie haben das Zeug dazu!“ Das ist durch nichts zu belegen und widerspricht Johanns eigener Aussage. Viel wahrscheinlicher und plausibler ist die andere Version, nach der Jetty Skizzen aus Jeans Vorratstruhe insgeheim zu Maximilian Steiner, dem Direktor des Theaters an der Wien, gebracht haben soll. Der ließ sie textieren, dann schickte er ein paar seiner Sänger zu Strauß, die ihm das Ganze vorsangen.

Strauß' erste Operette war ein Blindgänger. Bejubelter Star auf der leichtgeschürzten Bühne Wiens war damals neben der mondänen Marie Geistinger die umwerfend urwüchsige Josephine Gallmeyer. Eine ihrer autobiographischen Aussprüche lautete: „I sitz beim Frühstück und iß grad mei Wurscht, da les i in der Zeitung, daß i a Schenie bin. Na, i war ganz baff!“ Für sie also, die „fesche Schosefin“, wie sie die Wiener nannten, diesem Ausbund an ungezügelter Laune und sprühendem Temperament, schrieb Strauß die Hauptrolle seiner ersten Operette „Die lustigen Weiber von Wien“. Als sie für die Partie nicht zu haben war, weil sie wieder einmal den Direktor geohrfeigt hatte und zur Konkurrenz ins Carl-Theater ausgewichen war, unterblieb die Aufführung. Angeblich hat Strauß darauf für immer verzichtet.

Das ist höchst unwahrscheinlich. Zunächst kann man sich kaum denken, daß Direktor Steiner nicht alles daran gesetzt hätte, für die Gallmeyer einen entsprechenden Ersatz zu finden und Strauß dafür zu gewinnen, wobei ihm Jetty zweifellos eifrigst unterstützt hätte. Hätte sich aber Johann tatsächlich so hartnäkkig auf die „Schosefin“ versteift, was seinem kompromißbereiten Wesen durchaus nicht entsprach, so wäre aufgeschoben nicht aufgehoben gewesen. Denn zwei Jahre später kehrte die Gallmeyer als fixengagiertes Mitglied wieder ans Theater an der Wien zurück, aber von den „Lustigen Weibern von Wien“ war nie mehr die Rede.

Johann Strauß’ zweite Operette wurde unter heftigen Wehen geboren. Ihr Libretto war ein Wechselbalg. Die diversen „Dichter“ blieben verborgen. Direktor Steiner nahm die Schuld und die Vaterschaft auf sich und gab dem Kind seinen Namen. Bei der Taufe schwankte man zwischen „Fantaska“, „Ali Baba“, „Die 40 Räuber“ und „Indigo“. Schließlich nannte man das Erzeugnis „Indigo und die 40 Räuber“, frei nach 1001 Nacht. Worauf die Wiener sofort feststellten: „Aha, das sind die 40 Librettisten!“

Schon die Ankündigung der Premiere einer Strauß-Operette machte Sensation in Wien. Johann aber war halbtot vor Lampenfieber. Als er auf einer Spazierfahrt mit dem Fiaker das erste „Indigo“-Plakat erblickte, fiel er ohnmächtig zurück in den Wagen. Die Wiener aber stürmten die Kassen. In den Logen und im Parkett drängten sich die Spitzen der Gesellschaft, von den Exzellenzen bis zum Börsenadel. Hofoperndirektor Johann Herbeck fand keinen Zutritt mehr und mußte mit einem Notsitz im Orchester vorlieb nehmen.

Die Premiere im Theater an der Wien fand im Fasching 1871 statt. Strauß dirigierte selbst, die Hauptpartie der Fantaska sang Marie Geistinger, Wiens erste Operetten-Diva, eine geborene Grazerin. Die Zeitgenossen nannten sie wegen ihrer Noblesse die „Soubrette in Glacéhandschuhen“ und rühmten nebst ihrer herrlichen Sopranstimme und ihrem kultivierten Spiel ihre „junoische Gestalt“, ihre „klassischen Beine“ und ihr „reizvolles Profil mit dem leicht ironischen Lächeln um die Mundwinkel“: „Sie kam, ließ sich sehen und siegte!“ Als sie mit dem bisherigen Sekretär des Theaters an der Wien, Maximilian Steiner, zusammen die Direktion des Hauses übernahm, machte das Scherzwort die Runde: „Der Steiner zeigt, was er weiß, die Geistinger weiß, was sie zeigt.“

Über den Verlauf der Premiere erzählt Marie Geistinger: „Dieser Abend gehört der Geschichte nicht nur der Wiener Bühne, sondern der Bühne überhaupt an, denn es muß als ein Ereignis gelten, den Walzerkönig seinen Riesensprung auf das Theater machen zu sehen. – Der Abend brachte Strauß einen Triumph und dem Theater einen Bombenerfolg. Nach jedem Akt kam der Zauberer in meine Garderobe mit feuchten Augen, zitternden Händen und schweißbedeckter Stirne:

‚Glauben Sie, daß es dem Publikum wirklich gefällt ... bis zum Schluß gefallen wird?‘, fragte er angstvoll.

‚Aber fürchten Sie sich doch nicht so‘, antwortete ich, ‚wir haben ja schon gewonnen!‘

‚Und wenn die Stimmung umschlägt?!‘

‚Lieber Strauß, Sie brauchen einen Umschlag – aber aufs Hirn!‘

Das Glockenzeichen ertönte, und die Unterhaltung wurde abgebrochen. Als der Vorhang zum letzten Mal gefallen war, fiel mir Strauß um den Hals und weinte vor Freude. Ich weinte mit.“

Und über die Reaktion des Publikums berichtet der Schriftsteller Wimmer ergänzend: „Man glaubte im Volksgarten oder in den Blumensälen zu sein, als in der Ouvertüre der erste Walzer auftauchte. Bei der Glanznummer des Abends, dem Gesangswalzer, Ja, so singt man in der Stadt, wo ich geboren' brach das ganze Haus in einen Schrei aus. Man glaubte jetzt müsse Strauß dem nächsten Primgeiger die Violine aus der Hand reißen, sie ans Kinn schwingen, und wie einst beim Sperl zum Tanz aufspielen."

Die Kritik zerriß das Textbuch in der Luft. Hanslick schrieb von „ausgestopften Puppen" und jammerte: „Wenn sich das alles noch rasch abspielte! Aber diese Operette währt vier Stunden! Der ganze dritte Akt besteht aus lauter Lückenbüßern, die mit der Handlung nichts zu tun haben und die Geduld der Zuschauer foltern." Und Fritz Lange stellte fest: „Der ganze orientalische Zauber war von Lerchenfelderischem Idiom durchsetzt. Die dilettantische Mache schrie zum Himmel...!" Am seriösesten urteilte Ludwig Speidel im „Fremdenblatt": „Alles in allem genommen ist der erste Schritt, den Johann Strauß auf die Bühne gemacht, glücklich ausgefallen, und wir wollen hoffen, daß wir den trefflichen Meister auf der eingeschlagenen Bahn noch begegnen werden. Dann aber möge er seine Kunst an einem Wiener Stoff bestätigen, denn Strauß ist ohne Wien ebenso undenkbar wie Wien ohne Strauß."

Als man riet, das Libretto schleunigst neu zu textieren, zweifelte Hanslick daß man diesen Text so waschen und färben könne, daß die Musik dadurch nicht entstellt würde. „Ich fürchte, dieses Indigo ist echtfärbig." Aber dreieinhalb Jahrzehnte später wurde „Indigo" doch umgefärbt. Leo Stein und Paul Lindau schrieben ein neues Buch und machten aus Strauß' längst in der Versenkung verschwundenem Erstling die Erfolgsoperette „Tausend und eine Nacht", die – ein seltener Fall – direkt ins Weltrepertoire einging.

Johann Strauß griff die Anregung Speidels nicht auf, noch nicht. Seine nächste Operette spielte nicht in Wien. Dort wurden andere, umwälzende Dinge gespielt. Am 1. Mai 1873 eröffnete Franz Joseph in Anwesenheit Bismarcks die Weltausstellung im Prater. Mit ihr erreichte der Taumel der Gründerzeit seinen Gipfel und seine Peripetie. „Hundertfünfundsiebzig Banken, tausend Aktiengesellschaften waren gegründet worden. Kaum eine stand auf solider Grundlage." Es kam zum Börsenkrach, der das halbe Wien über Nacht zum Bettler machte. Es kam zum „Schwarzen Freitag", an dem das ganze Schwindelgebäude zusammenbrach. „Unter der Überlast ihrer eigenen Verbrechen", wie Ferdinand Kürnberger feststellte. Die Presse registrierte die täglichen Selbstmorde. Die Wut gegen die „Börsianer" machte sich – und das war wieder typisch wienerisch - in einer „Krach-Polka" Luft, die sehr populär wurde, obwohl sie nicht von Strauß stammte.

Strauß blieb von all dem fast unberührt. Er hatte nicht spekuliert. Er hatte eine neue Operette geschrieben, die sich vom Vorbild Offenbachs weit distanzierte. Der „Carneval in Rom" hatte nichts Parodistisches aber viel Lyrisches an sich. Er war eigentlich gar keine Operette im üblichen Sinn, eher ein Singspiel in der Nachfolge Dittersdorfs und im Fahrwasser der „Regimentstochter". Die Liebesgeschichte eines Malerjünglings, der in Rom sein Eheversprechen vergißt, dem die verlassene Geliebte als Knabe verkleidet nachfolgt, ihn als Kunstlehrling vor Weibertücken bewahrt und schließlich „bemeistert". Präzise zwei Monate vor der Eröffnung der Weltausstellung ging das Werk im Theater an der Wien zum ersten Mal in Szene und wurde, mit der Geistinger in der Hosenrolle, das Zugstück der Ausstellung.

Johann Herbeck dachte daran, das Werk als „Polkaoper" auf die Bühne der Hofoper zu bringen. Aber er starb vorher. Als Jahrzehnte später Felix von Weingartner den „Carneval" ins Programm der Wiener Volksoper aufnahm, schrieb Julius Bittner: „Der ‚Carneval' steht Nicolais ‚Lustigen Weibern' viel näher als der modernen Operette ... Wie unschuldig und frisch wirkt Johann Strauß, wie naiv und herzensfroh seine Melodik, wie sauber und rein seine Instrumentation!" Ungewollt lieferte Strauß zum Börsenkrach ein musikalisches Motto, das in Wien kursierte und mit dem sich sogar Selbstmordkandidaten getröstet haben sollen. Es war der Refrain aus dem Couplet, einer Polka francaise, des Malers, der als Pilgersmann verkleidet in Rom Reliquien feilbietet: „Nimm sie hin, sie sei dein, und mein Segen obendrein!"

Ein halbes Leben lang hat Johann Strauß nach seinem Librettisten gesucht. Er fand ihn nicht. Und er fand nur ein einziges Mal, was er ersehnte: das Libretto, in das seine Walzerseele eingehen konnte, wie in einen zweiten Körper: die „Fledermaus". Die beiden Textdichter, Richard Geneé und Karl Haffner, waren beide Nichtösterreicher: Geneé kam aus Danzig, Haffner aus Königsberg. Dieser wirkte seit Jahren als Hausdichter am Wiener Carl-Theater, wo er für Direktor Carl, der ein Tüchtikus und Halsabschneider war, jährlich um einen Schandlohn ein Dutzend Possen und Rührstücke zu liefern hatte. So hatte er das Handwerk im Griff. Geneé war nicht nur ein versierter Schriftsteller, er verstand sich auch auf die Tonkunst, wirkte als Kapellmeister in Prag und Wien und schrieb selbst Opern und Operetten, von denen der „Seekadett“ und die „Nanon“ Serienerfolge wurden. Haffner bastelte das Handlungsgerüst, Geneé verfaßte die Gesangstexte und die Prosa. So entstand ein Operettenbuch, das zu den Glücksfällen der Musikgeschichte zählt.

Bis dahin gab es einen langen und verschlungenen Weg. Den Urstoff lieferte der alte Roderich Benedix aus Leipzig mit seinem Lustspiel „Das Gefängnis“. Nach diesem Vorbild verfertigten die beiden Offenbach-Librettisten Henri Meilhac und Ludovic Halévy – die auch Bizet mit dem „Carmen“-Text versorgten – das französisierte Lustspiel „Le Reveillon“, das Gustav Lewy dem Direktor Steiner anbot. Dieser konnte damit nichts anfangen. „Reveillon“, das war jenes Pariser Faschings-Weihnachten mit Silvesterrummel ... Was sollte man damit in Wien? Also reichte er das Stück seinem Konkurrenten Jauner vom Carl-Theater weiter. Der ließ zunächst von Haffner eine deutsche Fassung herstellen, gab das Ganze aber, wegen Differenzen mit Lewy, wieder an Steiner zurück. Und jetzt kam die Erleuchtung – hatte sie Steiner oder Lewy? –: machen wir daraus ein Libretto für Johann Strauß! Geneé bekam den Auftrag.

In seinem Nachlaß stellte Geneé fest: „Von der Haffner'schen Posse benützte ich nur die Namen der Personen. Um den altbewährten Schriftsteller nicht zu kränken, wurde er auf dem Theaterzettel mit meiner

Zustimmung genannt. Ich selber habe Haffner nie gesehen – er war krank und starb einige Zeit darauf." Ob die Behauptung stimmt, läßt sich weder nachweisen noch widerlegen.

Warum war dieses Libretto ein Volltreffer? Zunächst: es beschwor genau jene Champagneratmosphäre, bei der das Johann Straußsche Füllhorn überschäumte. Und dann erhob es gerade jenes Medium ins Zentrum des Geschehens, das Johanns Domäne war: den Tanz. Geneé schrieb nicht nur gute Gesangstexte, er hatte auch die Kardinalsidee, einen Maskenball in die Handlung einzufügen, mehr noch: als treibendes Element in die Mitte der Handlung zu setzen. Dorthin führen alle Fäden und von dort kommen sie. So gelang es, den an sich undramatischen Walzer gleichsam heraufzubeschwören und als dramatische Kraft in die Gesamthandlung einzufügen. Das Unzulängliche wurde Ereignis.

Das hinderte den sonst so verständnisvollen Ludwig Speidel nicht, nach der Premiere festzustellen: „Der Stoff ist ursprünglich in Deutschland gewachsen, dann ist er nach Frankreich ausgewandert, von wo er in traurigem Zustand zurückgekommen." Wie weit Strauß selbst diesen „traurigen Zustand" mitbestimmt hat, bleibt fraglich. Gewöhnlich griff er in die Textgestaltung seiner Libretti durchaus nicht ein. Die Wortkunst war und blieb ihm fremd. Diesmal aber hatte er sogar dazu das Seine beigesteuert: die Textworte zu der kecken Polka: „O je, o je, wie rührt mich dies..." stammen von ihm.

Umgekehrt hat die Frage, wie weit Geneé an der „Fledermaus" mitkomponiert hat, die Biographen lange Zeit beschäftigt und verwirrt, weil die Partitur, die heute in der Wiener Stadtbibliothek liegt, vielfach Geneés Handschrift aufweist. Nur die Ouvertüre und Rosalindes Csárdás sind frei von Geneés Notenschrift. Die Annahme liegt nahe, daß Strauß viele seiner Einfälle, die ihn überschwemmten, einfach Geneé vom Harmonium aus – Klavier benützte er keines – in die Feder diktiert hat. Und daß er den Csardas, den Marie Geistinger schon Monate vor der Premiere bei einem Wohltätigkeitskonzert im Musikverein sang, wie auch wohl noch manches andere, aus seiner Vorratstruhe geholt hat.

Anders verhält es sich mit dem berühmten Melodram des angesäuselten Gefängnisdirektors Frank, das man später mit der stummen Beckmesser-Szene in den „Meistersingern" verglichen hat und das beinahe in der Versenkung verschwunden wäre. Bei der Generalprobe meinte die Geistinger, Strauß' erste Rosalinde, gelangweilt: „Des is do fad, wenn so lang nix g'redt wird!", worauf der stets unsichere Strauß sofort bereit war, die Szene zu streichen. Geneé aber bestand energisch darauf und rettete so eine der köstlichsten melodramatischen Szenen des Welttheaters. Daß er auch die Komposition dieser Szene für sich in Anspruch nahm, galt lange als gerechtfertigt. Bis das Autograph das Gegenteil verriet: das Melodram zeigt eindeutig Johanns Handschrift.

Der Komponist in ihm aber geriet in Ekstase. Die musikalischen Einfälle überschwemmten ihn. Es war wie ein Naturereignis. In zweiundvierzig Nächten des Börsenkrachjahres stürzte das Werk aus ihm heraus. „Er soll dabei Tränen des Glücks geweint haben." Soweit die Wiener Überlieferung, die auch wissen will, daß Strauß in der 43. Nacht um 4 Uhr 30 früh den Schlußstrich unter die Partitur gezogen hat mit den an die schlaftrunkene Jetty gerichteten Worten: „So, jetzt is der Krempel fertig! Jetzt koch i mir an guten Kaffee!"

Bei der Uraufführung am Ostersonntag, dem 5. April 1874 im Theater an der Wien saßen die Wiener angeblich auf den Händen. Eisenberg hat die Falschmeldung erfunden, die „Fledermaus" sei „nur 16mal hintereinander gegeben worden". Tatsächlich gab es in der Saison noch rund 45 Reprisen und im Herbst darauf eine Wiederaufnahme mit Girardi als Notar Falke. Von einem Durchfall kann also keine Rede sein; freilich auch nicht von einem Triumph. Der „Schwarze Freitag" lag den Wienern noch in den Gliedern und das rauschhaft überhöhte Lebensgefühl der „Fledermaus"-Gesellschaft war schon am Abend der Premiere nicht mehr „wahr". Darüber konnte jetzt auch die Straußsche Glückseligkeitsphilosophie nicht hinwegtrösten: „Glücklich ist, wer vergißt, was nicht mehr zu ändern ist...!"

Speidels Wunsch nach einer wienerischen Strauß-Operette hatte sich erfüllt, die an Offenbach orientierten Zuhörer – und Offenbach hatte in Wien Erfolg auf Erfolg gefeiert – hingegen konnten sich mit dem Gegenwarts-Milieu der „Fledermaus" nicht abfinden. Sie vermißten die Götter und die Griechenhelden, die Unterwelt und die olympischen Gefilde. Als sich der Vorhang zum dritten Akt mit der Stube des Gefängnisdirektors hob, ertönte von der Galerie eine enttäuschte Stimme: „Ui Jegerl, scho' wieder a Zimmer!"

Die Presse aber blamierte sich unsterblich. Hanslick fand das Orlofsky-Couplet trivial und sah im Champagnerlied – „Die Majestät wird anerkannt“ – die Reklame für eine Sektfirma. Der Wiener Generalanzeiger entrüstete sich über die „Ungeniertheit, mit der die sich darbietenden Frivolitäten ausgenutzt werden“. Denn sie „konnten selbst die prächtigen, einschmeichelnden Melodien unseres Johann Strauß nicht vertuschen“. Mit erhobenem Zeigefinger nennt das „Neue Fremdenblatt“ die „Frivolitäten“ beim Namen: „Wenn z. B. ein fremder Mann in Gegenwart der von ihm verehrten Frau den Rock auszieht und sich in den Schlafrock des ausgegangenen Hausherrn wirft, oder wenn ein ordentlicher Gentleman auf dem Maskenball, dicht an den Busen seiner Dulcinea geschmiegt, mit der Uhr ihre Herzschläge auszählt, so finden wir das mehr gemein als pikant.“

Der Welterfolg der „Fledermaus“ ging – merkwürdig genug – von Berlin aus, wo die Premiere ein halbes Jahr nach Wien stattfand und wo man keinen Schwarzen-Freitag-Katzenjammer hatte. Hier zählte man nach zwei Jahren bereits die 200. Aufführung, während Wien erst bei der 100. angelangt war. Die Pariser Premiere war für Herbst 1876 geplant. Aber Meilhac und Halévy erhoben Einspruch wegen Plagiat. Es kam zum Prozeß und das Urteil lautete: entweder Tantiemen für die Kläger oder Verbot der Aufführung.

Der Direktor des Pariser „Théatre de la Renaissance“ wählte den dritten Weg: die völlige Neubearbeitung des Textes. Das Ergebnis war „La Tsigane – Die Zigeunerin“, womit die maskierte Rosalinde gemeint war, eine Fassung, die keinerlei Ähnlichkeit mit dem Original mehr hatte, außer der Musik, die sich aber gleichfalls „Korrekturen" gefallen lassen mußte. Henriette schrieb an Marie Herbeck: „Jean hat hier in Paris noch vieles, darunter zwei wichtige Couplets für den ersten Komiker, der gar keine Stimme besitzt, komponieren müssen. Kaum aus der Probe, die täglich fünf Stunden dauert, sitzt er wieder am Tisch und komponiert und instrumentiert und schimpft wie ein Rohrspatz."

Die „Tsigane"-Premiere fand am 30. Oktober 1876 unter Strauß' Leitung statt und wurde ein Riesenerfolg. Was Rang und Namen hatte, fand sich im Renaissance-Theater ein; einer aber fehlte: Jacques Halévy, der sich als geprellter Urheber fühlte und sich hartnäkkig weigerte, auch nur einen einzigen Ton der Musik anzuhören. Paris aber stürzte zum zweiten Mal in einen Strauß-Taumel. Man kleidete sich nur noch à la Strauß, trug Strauß-Hüte, Strauß-Krawatten, Strauß-Strümpfe und rauchte Strauß-Zigarren. Und jetzt flog die „Fledermaus" bis Amerika und Australien. Strauß aber steckte seine Einkünfte in ein „Stadtpalais" in der Igelgasse.

Inzwischen kam in Wien ein neues Gerücht auf: Johann habe für die Komposition der „Fledermaus" Josefs Nachlaß geplündert, daher – natürlich! – die kaum glaubhaft kurze Entstehungszeit von sechs Wochen. Das Gerücht wurde – so heißt es – von Eduard Kremser, dem vormaligen Chormeister des Wiener Männergesangvereins, als Kaffeehaustratsch in die Welt gesetzt, und Eduard hat es später durch unterschwellige Bemerkungen gestützt. In seinen Erinnerungen brachte er recht unzweideutig seine Verwunderung zum Ausdruck, daß sich in dem von Johann übernommenen Nachlaß Josefs nur Gedrucktes und keinerlei Skizzen vorfanden. Solchen Verdächtigungen widerspricht nicht nur Johanns musikalische Einfallsfülle, sondern auch seine menschliche Noblesse.

Genährt wurde das Gerücht auch indirekt durch Karoline, die steif und fest behauptete, Josef habe an einer Operette geschrieben. Aber auch davon hat sich nie eine Zeile gefunden. Ob sie Edi verbrannt hat? Sein eigenes Archiv-Verzeichnis beweist, daß bei seinem Autodafé auch Original-Kompositionen von Josef mit verbrannten. Erst lange nach Josefs Tod kamen ein paar clevere Bühnenschreiber auf die Idee, aus den Melodien Josefs, der um die Jahrhundertwende fast vergessen war, eine Operette zu fabrizieren. „Frühlingsluft“ wurde ein eindeutiger Erfolg und ein gutes Geschäft, die „Autoren“ vergaßen nur, den Namen des eigentlichen Melodienschöpfers mit gebührender Deutlichkeit zu vermerken. Wenn von Plündern die Rede sein kann, dann wohl am ehesten hier.

Johann Strauß erlebte noch, daß seine „Fledermaus“ hofopernfähig wurde. Direktor Wilhelm Jahn brachte sie am 28. Oktober 1894 als Matinee zu Gunsten des Pensionsfonds der Hofoper auf die von Strauß so heiß ersehnten Bretter des erlauchten Hauses. Fritz Schrödter sang den Eisenstein, Paula Mark, die spätere Gattin des berühmten Arztes Professor Neusser, die Rosalinde. Auf ihre Bitte widmete ihr Strauß sein Porträt-Foto, gerahmt und mit Widmung versehen. Aus unbekannten Gründen kam das Bild nie in ihre Hand. Erst Jahre später, Strauß war längst gestorben, meldete sich bei ihr ein Antiquitätenhändler: „Ich habe zufällig ein Strauß-Foto mit einer Widmung für Sie erstanden!“ Natürlich erwarb die Mark-Neusser die rätselhafte Rarität – koste es, was es wolle – und las beglückt auf dem gerahmten Bild: „Der unvergleichlichen Rosalinde Paula Mark in Bewunderung und unveränderlicher Dankbarkeit, Johann Strauß, 28. Oktober 1894."

Mit Johanns nächstem Bühnenwerk „Cagliostro in Wien", uraufgeführt am 27. Feber 1875 im Theater an der Wien, ging endlich Speidels Wunsch in Erfüllung: Es war die erste in Wien spielende Strauß-Operette. Und es war Strauß' erste Zusammenarbeit mit dem Team Richard Geneé und Friedrich Zell. Zell, der mit dem bürgerlichen Namen Camillo Walzel hieß, kam aus Magdeburg und war vordem Kapitän eines Donaudampfers. Er lieferte die handlungslose Handlung rund um den großen Schwindler und Gaukler Cagliostro, als dessen Faktotum und „Zauberlehrling" Blasoni der Eleve Alexander Girardi sein Debut auf der Operettenbühne beging. Der Grazer Schlosserlehrling, der niemals Gesangs- oder Schauspielunterricht genommen hat, spielte die große Geistinger in einer einzigen Walzerszene glatt an die Wand. Als ihn die verärgerte Geistinger nach einem gelungenen Extempore anschnauzte: „Des brauch' ma net!", erwiderte er seelenruhig: „I net, aber des Publikum!" Von der Straußschen Partitur ist neben dem „Cagliostro-Walzer" vor allem die Schnell-Polka „Auf der Jagd" geblieben.

Die folgende Operette „Prinz Methusalem", deren Titelheld mit dem biblischen Uralten ganz und gar nichts zu tun hat, war Strauß einziges Bühnenwerk, das bei der Konkurrenz, nämlich bei Jauner im Carl-Theater, das Licht der Rampe erblickte. Sie war textlich ein Rückfall in die Offenbachiade, die Strauß auf seine Weise bereits überwunden hatte, musikalisch ein

Emporrücken in die Opernnähe, mithin zwei Sphären, die einander von Haus aus widersprachen. Daniel Spitzer, der „Wiener Spaziergänger", berichtete: „Ich habe ... im Prinz Methusalem zu meiner angenehmen Überraschung sogar ein düpiertes Publikum lachen sehen." Schuld daran war zweifellos nicht der blödelnde Text, sondern das umwerfende Komiker-Trio des Hauses Wilhelm Knaack, Josef Matras und Karl Blasel, die der Wiener Volksmund zu einer Einheit faßte: „Der Matras hat am Gnack a Blasel."

Strauß fühlte sich Geneé verbunden, obwohl diesem seit der „Fledermaus" eigentlich nichts Rechtes mehr einfiel. Auch nicht im „Spitzentuch der Königin", das, am 1. Oktober 1880 im Theater an der Wien uraufgeführt, den unsterblichen Cervantes bemühte. Es wurde trotzdem ein durchschlagender Erfolg. Wieder dank der Straußschen Musik und dank Girardi, der als Sancho für Heiterkeit sorgte. „Dieser Künstler", so urteilte die Kritik, „weiß überall zu retuschieren, wo ihn das Libretto im Stich läßt." Die Theaterkasse buchte „die größte Einnahme seit sechs Jahren". Die volkstümliche Bretterbude des Herrn Fürst im Prater brachte postwendend eine Parodie „Das Schnupftuch des Königs", zusammengestellt von Franz Doppler, unter ausgiebiger Verwendung der Straußschen Musik, woran sich niemand stieß, auch nicht der Verleger, und machte das „Spitzentuch" vollends populär. Jean aber nahm aus der Partitur die schönsten Teile für seinen Konzertwalzer „Rosen aus dem Süden", der in die Unsterblichkeit eingegangen ist, während alle späteren Wiederbelebungsversuche der Operette erfolglos blieben.

Fast genau vier Jahre nach der „Fledermaus"-Premiere traf Jean ein schwerer Schicksalsschlag. In der Nacht vom 8. zum 9. April 1878 erlag Henriette in Hietzing einem Schlaganfall. Ursache soll der erpresserische Brief eines ihrer unehelichen Söhne gewesen sein, den Jetty noch vor ihrem Verhältnis mit Todesco geboren hatte und der schon zuvor öfter mit Geldforderungen an sie herangetreten war. Johann ließ noch den Partezettel drucken, dann floh er gehetzt aus der „Fledermaus"-Villa, die er nie wieder betrat, und verbarg sich in einem Hotel. Die Sorge für die Beerdigung überließ er Eduard. Hinterm Sarg fanden sich die großen Kollegen Jettys ein: von Jauner bis Hans Richter, von der Gallmeyer bis Girardi. Johann Strauß fehlte.

Nach Jettys Tod kam es zu einem Aufsehen erregenden Erbskandal. Jetty hatte in ihrem Testament, wie wir wissen, Jean als Universalerben eingesetzt, hatte aber von ihren 7 Kindern überhaupt nur eine Tochter, die jüngste erwähnt: „Mein Schmuck gehört den Kindern meiner Tochter Louise von Dreyhausen." – Jetzt schlug Louises von ihr bereits geschiedener Gatte Gustav von Dreyhausen, dessen Geschlecht sich das „von" unrechtmäßig angeeignet hatte, das Erbteil seiner Kinder brüsk aus. Er fühle sich verpflichtet, so hieß es in seiner Eingabe an das „löbliche k. k. Bezirksgericht Hietzing", das Andenken seiner Kinder an Henriette Strauß auszulöschen. Denn sie sei eine schlechte Mutter gewesen und habe zusammen „mit ihrem würdigen Herrn Gemahl" seine Kinder so übel beeinflußt, daß er sich genötigt sah, sich von Louise scheiden zu lassen.

Noch nicht genug der Vorwürfe: Schließlich habe Madame Strauß in ihrem Testament ihre weiteren zum Teil notleidenden sechs Kinder völlig ignoriert. „Das unnatürliche Weib warf also mit ihrem Vermächtnis an meine Kinder nur eine Brandfackel unter ihre eigenen Kinder.“ - Soweit der Schwiegersohn, dessen verbitterte Anwürfe nicht ganz von der Hand zu weisen sind. Dabei muß vermerkt werden, daß die in Frage stehenden Schmuckstücke gerichtlich auf einen Gesamtwert von immerhin 20729 Gulden geschätzt wurden. Eine ansehnliche Summe! Die zum Teil notleidenden Kinder stammen aus der Phantasie des Schwiegersohns. Jettys Töchter wurden teils von dem reichen Realitätsbesitzer und Bauunternehmer Peter Cavaliere di Galvani adoptiert, dessen Name in Wien noch im „Galvanihof“ (mit der Ankeruhr) am Hohen Markt fortlebt, teils von Moritz Todesco adoptiert. Dadurch fielen die Töchter hinauf: eine heiratete einen russischen Botschaftssekretär in Wien, eine andere - in zweiter Ehe - sogar einen Prinzen von Liechtenstein. Indes die nicht adoptierten Söhne in mehr oder minder untergeordneter Stellung verblieben. Einer von ihnen muß den Erpresserbrief geschrieben haben. Die Vermutung es sei der Jüngste gewesen, kann nicht zutreffen, da dieser kaum 20jährig als Vormeister in einem Artillerieregiment bereits anfangs 1871 gestorben ist.

Es scheint unbegreiflich, daß Johann bereits 7 Wochen, genau 50 Tage, nach Jettys Tod eine neue Ehe einging. Aber ein Mensch wie er vertrug die Einsamkeit nicht. Er war hilflos. Fürs Junggesellendasein taugte er nicht. Er brauchte zum Leben und zum Schaffen die Wohlgeborgenheit, die bequeme häusliche Pflege. Nicht mit Unrecht sprach man bei ihm von einem „Mutterkomplex“. Da war zuerst seine starke, fast ausschließliche Bindung zu Mutter Anna und dann seine fatale Anlehnung und Hingabe an die mütterliche Henriette. Er konnte ohne die Wärme einer Frau zu Haus nicht leben. Dem Freund Paul Lindau soll er einmal gestanden haben: „Weißt, i fürcht mi, wenn i allein bin!“ So wird es verständlich, daß er schon am 28. Mai 1878 – viel zu früh und unbedacht – in der Karlskirche die blonde Angelika Diettrich heiratete. Es war der größte Irrtum seines Lebens.

Angelika, genannt „Lily“, stammte aus Breslau, obgleich sie am Paßamt fälschlich Köln als Geburtsort angab. Sie war Gesangsschülerin des Hofkapellmeisters Heinrich Proch, der zehn Jahre zuvor die neue Hofoper am Ring musikalisch eröffnet hatte, und er soll sie Strauß ins Hotel Viktoria gebracht haben, wo sie den Goldfasan eingefangen habe. Neuere Forschungen ergaben die Vermutung, daß Jean aller Wahrscheinlichkeit nach die junge Blondine schon viel früher gekannt und mit ihr noch zu Lebzeiten Jettys, die großzügig darüber hinwegsah, intim verkehrt habe. Pahlen weist darauf hin, daß die deutsche Botschaft in Wien schon am 23. April, also zwei Wochen nach Jettys Tod amtlich bestätigte, daß „die Braut einer obrigkeitlichen Eheerlaubnis nicht bedarf“. Die Braut – das war Angelika. Bestand da also bereits ein, wenn auch nur angedeutetes, Eheversprechen von Strauß' Seite? Oder hat die ehrgeizige Lily vor der Botschaft geflunkert?

Ignaz Schnitzer, der spätere Librettist des „Zigeunerbaron“, der Angelika noch persönlich begegnet ist, beschreibt sie als „munteres, sehr munteres, rundliches Geschöpfchen“ und spricht von einer „schönen, lebenslustigen Frau“, deren „übermütiger Frohsinn“ Jean faszinierte. Die Fotos, die uns von ihr erhalten sind, bestätigen das kaum. Sie zeigen uns eher eine ungeistige Gretchenfigur ohne jede Anmut. Aber sie hatte neben ihren fußlangen blonden Zöpfen etwas, das Jetty nicht besaß: sie war sexy. Und das war es wohl, was Jean faszinierte.

Er zog mit „Frau Lily Strauß" in jenes Palais in der Igelgasse ein, an dessen Gestaltung noch Jetty mitgewirkt hatte, ehe sie starb. Und er erwarb noch zusätzlich ein hübsches Landgut in Schönau bei Leobersdorf in Niederösterreich. Als Angelika in Franzensbad auf Kur weilte, schrieb Jean an sie: „Heute willst Du von mir erfahren, ob es wohl ohne Dich ginge? Ist das recht? Was denkst Du von Deinem Jeany, der die Minuten zählt, bis er wieder sein Weiberl von Angesicht zu Angesicht genießen kann!"

Bald kam es zu Konflikten. Als die beiden den Ehebund schlossen, war er 53, sie 28. Aber es war nicht der Altersunterschied, der die Kluft aufriß. Es war der Konflikt zwischen dem musischen Schöpfer und der Nur-Verbraucherin, zwischen Fruchtbarkeit und Öde, zwischen Fleiß und Trägheit, zwischen künstlerischer Besessenheit und amusischer Ungeistigkeit, zwischen seelischem Reichtum und seelischem Vakuum. So kam es, wie es kommen mußte. Er, der mit der Geige am Kinn, mit der Fülle seiner melodischen Bestrikkungen Tausende Frauen beglückt, beflügelt, betört hatte, wurde von einer erotischen Frau betrogen.

In Wien pfiffen es bereits die Spatzen von den Dächern. Alle wußten es, daß Lily mit Franz Steiner, dem Sohn und Nachfolger von Maximilian, ein Verhältnis angefangen hatte. Nur Jean wußte es nicht oder wollte es nicht wissen. Es mutet wie ein Witz des Schicksals an, daß gerade jetzt, sieben Monate nach seiner Hochzeit mit Angelika, seine neue Operette mit dem anzüglichen Titel „Blinde Kuh“ trotz Girardi im Theater an der Wien mit Bomben und Granaten durchfiel. Das Witzblatt „Die Bombe“ stellte lakonisch fest: „Johann Strauß dirigierte persönlich – das Publikum zum Theater hinaus.“ Und die Wiener spotteten: „Jetzt fehlt dem Schani einfach die Treffsicherheit!“

Obwohl ihn die Schwester Anna ausführlich von Lilys Liaison unterrichtete, warf Jean die Ehebrecherin nicht hinaus. Aus Franzensbad, das diesmal er aufsuchte, schrieb er ihr: „Lebe wohl, liebe Lily, laß Dich recht abbußerln, aber lauf’ mir nicht davon!“ – Sie lief davon. Lief zu Franz Steiner, wo sie sich als dessen Mitdirektrice etablierte und ohne Hemmungen in die Textgestaltung der Strauß-Operetten eingriff, trotz heftiger Proteste der Librettisten, denen sie auf die Nerven ging. Jean war tiefer getroffen, als er zugeben wollte. Er trug sich ernsthaft mit dem Gedanken, nach Paris auszuwandern. Bei Bekanntwerden dieser Absicht brachte die „Bombe“ eine Karikatur des fortmarschierenden Strauß mit dem Text: „Das wäre der erste Marsch von Johann Strauß, der in Wien sicher niemand gefallen würde!“ Die Wiener aber suchten ihn zu trösten: „Weg mit Schaden! A Kölnisch-Wasser und net amol a echts!“

Trotz Lilys „Mitarbeit“ wurde „Der lustige Krieg“, der am 25. November 1881 mit Girardi in Szene ging, ein großer Erfolg. Es war Johanns zweite Zusammenarbeit mit dem gewitzten Team Friedrich Zell (recte Camillo Walzel) und Richard Geneé, das sich bald zu einer Großmacht im Bereich der Operette entwickelte, wovon aber diesmal noch nichts zu spüren war.

„Der Leser, der aus der Inhaltsangabe nicht recht klug geworden sein sollte", bemerkte ein Wiener Kritiker, „kann mit größter Bestimmtheit annehmen, er hat der Vorstellung persönlich beigewohnt."

Den Erfolg verursachte der bis dahin von Strauß wenig geschätzte Alexander Girardi. Und das kam so. Girardi war wegen der ihm zugeteilten Nebenfigur, die weder darstellerisch noch musikalisch etwas hergab, verärgert. Er wandte sich deshalb an Strauß mit der Bitte, für ihn noch eine Solonummer zu komponieren. Strauß lehnte zuerst ab, als aber Girardi mit dem Streik drohte, griff er in seine Vorratstruhe und übergab dem lästigen Mimen ein paar Melodien. Girardi wählte sich die passendste aus, aber jetzt weigerten sich die Librettisten, sie zu textieren. Also trat Girardi an den ihm befreundeten Musikalienhändler Franz Wagner heran, der willfährig einsprang. Und so sang Girardi am Premierenabend zu Beginn des 3. Aktes sein Walzercouplet. Als er geendet hatte, brach das bisher eher laue Publikum in Jubel aus. Das anzügliche Couplet mußte zweimal wiederholt werden. Anderntags sang ganz Wien den bejubelten Schlager: „Nur für Natur hegte sie Sympathie, unter Bäumen süßes Träumen liebte Gräfin Melanie..." Girardis Stern war aufgegangen.

Dreizehn Tage später ging das Ringtheater in Flammen auf und begrub an die 400 verkohlte Leichen unter seinen Trümmern. Am Abend zuvor war die Premiere von Offenbachs in jedem Sinne einziger Oper „Hoffmanns Erzählungen" über die Bühne gegangen. Unter den Zuhörern war Strauß gesessen. Jetzt blieben die Theater leer. Man mied sie ängstlich. Nur das Theater an der Wien blieb vor der Theaterpanik verschont. Hier gab es trotz allem volle Häuser, dank Johann Strauß und dank Girardi. Schon im Herbst 1882 ging die 100. Vorstellung über die Bretter.

Zehn Jahre später trug man in ganz Österreich Girardi-Hüte, Girardi-Spazierstöcke und Girardi-Sonnenschirme, bezahlte aus Girardi-Brieftaschen und rauchte aus Girardi-Zigarrenspitzen. Der Dichter Hermann Bahr aber schrieb: „Man höre irgendeinen Soldaten, wie er seine Köchin hofiert. Man beobachte einen jungen Herrn der sogenannten guten Gesellschaft: alles intoniert wie Girardi, sie haben alle seine Art, den Kopf vorzustrecken, die Finger zu regen. Daß seit zwanzig Jahren jeder Schauspieler bis in die letzte Provinz, wenn er unwiderstehlich sein will, die vulgäre und doch geheimnisvolle, zitternd erregte Stimme Girardis und seine unschuldig zynischen Gebärden annimmt, wäre noch wenig. Aber es gibt wirklich unter uns keinen jungen Menschen mehr, der mit einem Mädel anbandeln könnte, ohne ihn unwillkürlich zu kopieren ..."

Aus dem „Lustigen Krieg" destilierte Johann selbst sein Opus 400, den „Kuß-Walzer", der lebendig geblieben ist. Diesen Walzer widmete der Gute, Geduldige „Seiner lieben Frau Angelika". Aber dann war seine Geduld doch einmal am Ende. Die amtliche „Scheidung von Tisch und Bett" wurde am 9. Dezember 1882 ausgesprochen. Das kirchliche Scheidungsansuchen an den Heiligen Stuhl wurde abgelehnt. Angelika heiratete Franz Steiner, der sie fallenließ, nachdem er am Theater an der Wien Schiffbruch erlitten hatte. Sie betrieb dann noch in Berlin eine Zeitlang ein Fotoatelier und starb erst 1919 in Ungarn, nachdem sie zuvor noch Jeans dritte Ehe hartnäckig zu verhindern versucht hatte.

KAPITEL VI

Ja, dies alles auf Ehr!

ADELE UND DER „ZIGEUNERBARON“ – DIE „NACHT IN VENEDIG“ UND DER „SACHSE“ STRAUSS

Wegen der Affäre mit Lily kam das Theater an der Wien für die nächste Strauß-Premiere nicht in Frage. Und so geschah es, daß eine Straußsche Operette – zum ersten und einzigen Mal – nicht in Wien, sondern in Berlin zur Uraufführung kam. Das Libretto „Eine Nacht in Venedig" soll Johann, so berichtet die Anekdote, von der Firma Zell und Geneé richtig „angedreht" worden sein. Die beiden hätten nämlich, so heißt es, gleichzeitg zwei Operettenbücher im Köcher gehabt, eines im italienischen und ein anders im polnischen Milieu. Das zugkräftigere wollten sie dem noch nicht so arrivierten Millöcker zuschanzen, um ihm eine Chance zu geben. Also redeten sie Strauß ein, Millöcker sei auf die „Nacht in Venedig" ganz besessen, worauf Strauß sofort danach griff und das andere – es war der „Bettelstudent" – seinem Konkurrenten überließ. So kam Millöcker zu einem Triumph, Strauß zu seinem Skandal. Die hübsche Geschichte ist zwar bezeichnend für Strauß' Textunsicherheit, kann aber nicht wahr sein, weil der „Bettelstudent" schon ein Dreivierteljahr vor der „Nacht in Venedig" auf die Bretter kam, und Millöcker bereits an seinem „Gasparone" schrieb, als die „Nacht in Venedig" in Berlin durchfiel.

Auslösendes Moment war der geistreiche Text des Lagunenwalzers:

„Nachts sind die Katzen ja grau,
Nachts tönt es zärtlich miau ..."

Das war den Berlinern zu viel. Bei der Wiederholung begann die ganze Galerie zu miauen. Vergebens riefen die Strauß-Freunde aus dem Parkett „Ruhe!"

und „Text weglassen“, die Katzenmusik und damit das Fiasko waren nicht mehr aufzuhalten. Genüßlich berichtete am andern Morgen die Berliner Presse von der „Wacht am Strauß“ und von den „Miautoren des Librettos“, die „operettungslos“ versungen und vertan hatten.

Die „Miautoren“ setzten sich zur Wehr: der Walzer sei ursprünglich als „Grotesknummer für Girardi konzipiert“ gewesen. Daß ihn dann der Herzog sang, mußte danebengehen, sei aber nicht ihre Schuld gewesen. Strauß aber warf die Flinte ins Korn: „Mich freut nur, daß der Durchfall nicht zu verhindern war. Ich möchte mich noch mehr freuen, wenn das Ganze bald ins Versorgungsheim käme. Es kann mir gestohlen werden, ich weine ihm keine Träne nach.“ – Die Partitur sandte er seinem „lieben Schwager Josef Simon als gebundenes Closette-Papier. Wünsch guten Appetit!“

Seine ganze Naivität und Theaterfremdheit, aber auch seine Abhängigkeit von den selbstherrlichen Librettisten, spricht aus seinem Brief von den Berliner Proben zur „Nacht in Venedig“ an einen unbekannten Freund: Hingerissen schreibt er von dem „genialen Einfall“ des Direktors Fritsche vom Friedrich-Wilhelm-Städtischen Theater, wo die Premiere am 3. Oktober 1883 stattfand, beim Entrée der Ciboletta „selbe über einen kleinen Buben stolpern zu lassen“. Und weil Strauß davon so entzückt war, machte „der liebe Direktor“ gleich zwei Buben daraus und ließ schließlich auch noch „dem gefallenen Buben ein paar auf den Arsch hauen – dies der wirksamste Effekt im Buche, durch Fritsches Nachhilfe“! Aber dann traf Walzel ein, der sich „jede dichterische (!) Einmengung“ verbat. Jean seufzte: „Wenn nur Walzel nicht angekommen wäre! Der ist auch nicht mehr fortzukriegen. Schade! Schade!"

Die „Nacht in Venedig" kam nicht ins Versorgungshaus und das „gestohlen" betraf eher die Librettisten, gegen die ein entlassener Verwaltungsbeamter des Theaters an der Wien den öffentlichen Vorwurf erhob, sie hätten mit ihrem Buch das Libretto einer komischen Oper des Franzosen François Gevaert geplündert. Worauf die Firma Zell und Geneé, die anscheinend doch Butter am Kopf hatte, flugs ihrem Titel den Zusatz hinzufügte: „Die Grundidee frei nach dem Französischen."

Jetzt wurde Gustav Lewy aktiv. Er sorgte dafür, daß die Operette bereits sechs Tage später doch im Theater an der Wien in Szene ging, nachdem er das Wiener Publikum informiert hatte, daß Strauß durch „ernste, rein künstlerische Motive" bewogen worden war, „Bedenken privater Natur niederzukämpfen". Franz Steiner und Lily hatten ihre Wohnung im Theater geräumt und der Lagunenwalzer hatte einen neuen Text erhalten: „Ach, wie so herrlich zu schauen/Sind all die lieblichen Frauen..." Einem Wiener Triumph stand nichts mehr im Wege. Er traf auch prompt ein und wurde nebstbei zu einer Art Politikum.

Hugo Wittmann berichtet: „Am 9. Oktober 1883 wurde ‚Eine Nacht in Venedig' zum ersten und zweiten, ja mitunter zum dritten Mal aufgeführt, denn das Publikum ließ sich fast jede Nummer einige Male vorsingen... Es schien, als ob ein Großteil in kriegerischer Stimmung ins Haus gekommen sei, entschlossen, für den Wiener Meister zu sterben oder zu siegen. Es war ein Moment von großem historischem Charakter. Ein armer Berliner, der von einem Makler einen Sitz um dreihundert Gulden erbettelt hatte, um seinen Landsleuten die Kunde vom Ausgang der Schlacht melden zu können, versteckte sich beschämt hinter einem dicken Habitué und seufzte: ‚Wir sind besiegt!‘“

Strauß' Bekanntschaft mit der verwitweten Adele, die zufällig den selben Familiennamen führte, aber mit der feschen Stubenkatze in der „Fledermaus“ nichts gemein hatte, reicht bis in Jeans Jugendtage zurück. Adele, geborene Deutsch, gebürtige Wienerin, heiratete achtzehnjährig den Sohn eines alten Hausfreundes der Walzerfamilie namens Albert Strauß, der als Finanzberater von Mutter Anna im Hirschenhaus fungierte, wo auch er mit Sohn und Schwiegertochter wohnte. Jean war Trauzeuge bei ihrer Hochzeit mit dem Bankierssohn Anton Strauß.

Wann die beiden sich ihrer Zuneigung bewußt und einig wurden oder ob Adele wirklich zielbewußt nach ihm „angelte“, wie ihr ein Biograph nachsagt, das ist ungewiß. Gewiß ist, daß es keine Liebe auf den ersten Blick war, wie bei Jetty und kein Strohfeuer wie bei Lily. Es war ein allmähliches Bewußtwerden und damit ein um so tieferes Aufblühen bei Jean, eine Empfindung, die von der jungen Witwe – Jean war genau doppelt so alt wie sie – mit gleicher Wärme erwidert wurde. Die beiden lebten seit 1883 zusammen. Adele begleitete Jean bereits nach Berlin, wo sie an den Proben zu der unglücklichen Premiere teilnahm. Jean führte sie dort als „Frau Strauß“ ein, womit er durchaus der Wahrheit die Ehre gab.

Das Paar zog ins Stadtpalais in der Igelgasse ein, Jean setzte Adele bereits am 19. April 1883 eine lebenslängliche Jahresrente von 4 000 Gulden aus, sie aber machte als vollendete Gastgeberin und sorgsame Hausfrau in völliger Anpassung an die Gewohnheiten des genialen Partners die „Igelgasse" zu einem elitären musischen Salon, der die geistigen Spitzen Wiens an sich zog: Johannes Brahms, Karl Goldmark, Eduard Hanslick, Alfred Grünfeld, Victor Tilgner, Alexander Girardi. Max Kalbeck schwärmt begeistert: „Na, diese Abende bei Strauß! Und die Frau! Und der Champagner! Und die Walzer! ..." Der Maler Franz v. Bayros hat in seinem Ölgemälde „Ein Abend bei Johann Strauß" die Atmosphäre festgehalten.

Jean, der angehende Sechziger, erlebte einen erotischen Frühling, wurde wieder zum leidenschaftlichen romantischen Liebhaber. Schon im November 1882 schrieb er aus Berlin an Adele: „Meine Liebste! So sehr ich vor einigen Wochen meine Existenz in Berlin für immer zu suchen gewünscht, so muß ich gestehen, daß ich jetzt jede Minute längeren Aufenthalts als nötig mit Freuden abstreiche. Warum? Das weißt Du! Lasse Dich herzinnigst umarmen von Deinem Jean."

Mitten in seiner nächtlichen Arbeit schreibt er Liebesbriefchen an die Schlafende: „Nachts – Meine heißgeliebte Adele! Es geht ganz lustig zu in meinem Innern. Fröhliche Melodien summen mir im Kopf. Das von Freude, Glückseligkeit übervolle Herz schlägt lustig den Takt dazu. Soll ich da ans Schlafengehen denken? Doch ein Dir gegebenes Wort zu halten, ist mir heilig – daher ich dem übermütigen Treiben ein Ziel setzen muß und es mir nur noch gestattet sein soll, derjenigen zu gedenken, welche die Macht besitzt, Seele und Herz in rosige Stimmung zu versetzen. Hoch mein Engel Adele! Du bist die Herrin meines

ПАВЛОВСКІЙ ВОКСАЛЪ.

Четвергъ, 2-го Сентября.

ПРОГРАММА:

ОТДѢЛЕНІЕ I.

1) Увертюра оперы „Плоэрмельскій праздникъ“ . . . Мейербера. Ploermel
2) (Новое) Антрактъ изъ балета „Конекъ горбунокъ“ . . Пуни.
(Соло на cornet-à-pistons ис-

15 Eduard Strauß und das Programm eines Konzertes in Pawlowsk

16 Die drei Brüder Josef, Johann und Eduard

17 Grünfeld spielt Strauß

Glücks, meines Lebens! Dich umarmend Dein, ewig Dein Jean."

Johann Strauß war kein Bohemien und kein Freigeist, die „freie Liebe" lag ihm nicht. Er wollte seine Beziehung zu Adele bürgerlich festigen. Er wollte sie heiraten. Das war für ihn, dessen Ehe mit Angelika nicht annuliert worden war, im katholischen Österreich unmöglich. Es bestand nur eine Möglichkeit: er mußte nicht nur seine Religion, sondern auch seine Staatsbürgerschaft wechseln.

Herzog Ernst von Sachsen-Coburg war musisch veranlagt, versuchte sich selbst im Komponieren und schwärmte für Strauß, der ihm bereits 1863 seine französische Polka „Neues Leben" gewidmet hatte. Die Beziehung stellte der Erzherzog Johann her, mit dem Jean bekannt war – nicht der steirische Erzherzog, sondern jener, der später als Johann Orth auf Reisen ging und für immer verschwand. Herzog Ernst verlieh Strauß Ende Juni 1886 die deutsche Staatsbürgerschaft, die Scheidung von Angelika wurde rechtskräftig ausgesprochen, Jean trat zum Protestantismus über, Adele tat desgleichen, und so konnte endlich – am 15. August 1887 – die Trauung der beiden vor Gott und der Welt vollzogen werden.

Streng betrachtet war das ganze Unternehmen ein gewöhnlicher Trick. Ob der Herzog das mitbekam oder ob ihn die sonderbare Hinneigung des großen Walzerkönigs zu seinem kleinen Herzogtum blendete? Das ist kaum anzunehmen; Strauß mußte ihn wohl ins Bild gesetzt, ihm reinen Wein eingeschenkt haben. Wie dem auch sei, jetzt war die kleine Residenz in aller Munde, hatte ihre Sensation. Die Wiener hingegen nahmen den „deutschen“ Strauß einfach nicht zur Kenntnis.

Strauß erhielt die neue Staatsbürgerschaft – laut Dokument – „behufs seiner Niederlassung in der Stadt Coburg“. Er ließ sich nicht nieder. Er kam zuweilen auf Besuch, nahm pro forma eine Wohnung und bezog sie eine Zeitlang mit Adele. Im übrigen blieb das „junge“ Paar in Wien, und ihre Lebensgewohnheiten in der Igelgasse blieben unverändert. In einem ausführlichen Ehevertrag regelten beide ihre finanzielle Zukunft, einigten sich auf strenge Gütertrennung, und Jean billigte eine Sicherstellung für seine Stieftochter Alice, die ja auch eine geborene Strauß war. Bemerkenswert an dieser Stelle, daß Strauß, obwohl dreimal verheiratet, ohne Nachkommen blieb, während zwei seiner Gattinnen, vor der Ehe mit ihm, zusammen über ein halbes Dutzend Kinder zur Welt gebracht hatten.

Im Februar 1883 dirigierte Strauß in Budapest seinen „Lustigen Krieg“. Adele, die ihn zielbewußt aus seiner Abhängigkeit von der Firma Zell und Geneé zu lösen suchte, vermittelte eine Begegnung mit dem „ungarischen Balzac“ Maurus Jokai. Die Begegnung verlief fruchtbar: Jokai empfahl Strauß seine Novelle „Saffi“, die in deutscher Fassung vorlag und verwies ihn an den Journalisten Ignaz Schnitzer in Wien, der nicht nur Petöfi-Verse, sondern auch Jokai-Romane übersetzt hatte. Es kam zu einer idealen Zusammenarbeit.

Ignatz Schnitzer, der Johann Strauß um mehr als zwei Jahrzehnte überlebte, hat später gerne den Erfolg des „Zigeunerbaron“ sich selbst in die Schuhe geschoben. Jedenfalls stammt der Titel von ihm und jedenfalls hat er, der auch musikalisch war, intuitiv die seltsame Arbeitsweise Jeans erfaßt, der fast stets unabhängig vom Text komponierte. Also legte sich Schnitzer eine besondere Methode zurecht: er brachte Strauß zunächst den Szenenentwurf, besprach dann mit ihm alle Einzelheiten, Stimmung, Inhalt und Länge jeder Szene und machte ihm dann das generöse Angebot: „Jetzt komponiere frei drauf los, wie es dich freut. Ich setze dann die Worte darunter!“

In seinen Memoiren schreibt Schnitzer: „Mit Ausnahme zweier Motive, die ich seinem Skizzenbuch entnahm und nachträglich textierte - Schifferchor und Schatzgräberpolka - hat Johann Strauß entweder nach meinen Texten oder ohne Textvorlage in freier Phantasie komponiert.“ Wie sehr sich Schnitzer dabei in die Wünsche des Komponisten dienend einfügte zeigt die Entstehung des Dompfaff-Duettes „Wer uns getraut...“ Strauß soll ihn aufgefordert haben, möglichst viele A und I zu bringen, denn das singen die Sänger am liebsten. Daraufhin setzte sich Schnitzer hin und dichtete: „Und mild sang die Nachtigall ihr Liedchen in die Nacht - die Liebe, die Liebe ist eine Himmelsmacht.“

Im Hinblick auf die Verluste Österreichs in Italien trug Strauß abermals einen Wunsch an seinen Librettisten heran. „Der Einzugsmarsch muß großartig werden“, schrieb er an Schnitzer. „Etwa 80 – 100 Soldaten, zu Fuß und zu Pferde, Marketenderinnen in spanischem, ungarischem und wienerischem Kostüm, Volk, Kinder mit Blumen und Buschen - es muß ein großartiges Bild werden, da wir diesmal österreichisches Militär und Volk in freudiger Stimmung über einen gewonnenen Sieg uns einbilden wollen! Auf einen uns etwa vorgeworfenen Mangel an Logik weisen wir auf anzuhoffende Verwirklichung hin – und die Leut' sollen so lange den ‚Zigeunerbaron' besuchen, bis dieser glückliche Moment eintritt."

Als die Presse vom Entstehen der neuen Operette erfuhr, gab sie den beiden Schöpfern einen Tip: „Heute ist das Wiener Operettenrezept höchst einfach. Man nehme einen Girardi, gieße ein Couplet hinein und der Erfolg ist fertig!" – Die Rolle des Zsupan war Girardi auf den Leib geschrieben. Hier war Strauß besonders heikel: „Mit allen Texten bin ich einverstanden ..., nur mit dem Schweinehändler-Couplet konnt' ich mich nicht recht befreunden!" Umgekehrt war Girardi die Musik für den Schweinezüchter zu elegant. Als Jean dessen Kriegsabenteuer-Couplet für den letzten Akt fertig hatte, spielte er es deshalb Girardi vor und fragte besorgt: „Ist dir das jetzt ordinär genug?"

Wie ernst Strauß die Arbeit nahm, wie gewissenhaft er sich prüfte, beweist die lange Zeit, die er am „Zigeunerbaron" arbeitete. Zwei Jahre lang hatte er noch an keiner seiner Operetten geschrieben. Während der Komposition erkrankte er ernstlich: an Überarbeitung und an – Nikotinvergiftung, wie die Ärzte feststellten. Sie verordneten ihm Franzensbad und strengstes Arbeitsverbot. Fast verzweifelt schrieb er von dort an Schnitzer: „Ich soll noch immer die Kur gebrauchen und soll noch immer nicht arbeiten dürfen! Gar nichts! Wie schwer fällt es mir, meiner Umgebung die Qual zu verheimlichen, die mir die zwangsweise Muße gerade jetzt bereitet! Mein ganzes Sinnen und Fühlen ist der ‚Zigeunerbaron' und ich kann den Moment nicht erwarten, ihn musikalisch zu verkörpern!"

In Wirklichkeit wartete er auch gar nicht, wie aus einer anderen Briefstelle hervorgeht: „Ich sollte gar nichts arbeiten und nur fleißig spazieren gehen. Da hab' ich mir immer, ohne daß es jemand merkte, aus dem Textbuch eine Strophe auswendig gelernt. Spazieren bin ich gegangen, aber komponiert hab' ich justament!" Sein Skizzenbuch waren die Manschetten.

Der „Zigeunerbaron" war ursprünglich für die Hofoper geplant, Jeans heißersehntes Ziel. Aber dann ergab sich plötzlich eine günstige Konstellation am Theater an der Wien. Franz Steiner räumte samt Lily das Feld und Alexandrine von Schönerer übernahm die Leitung des Theaters. Der eigentliche Direktor im Hintergrund aber war der unverwüstliche Franz Jauner, der mit Begeisterung die Regie übernahm. Mit ungeschwächtem Elan entwarf er eine großangelegte Inszenierung, kaufte in der Puszta Zigeuner-Klamotten, Zigeuner-Pferde und Zigeuner-Wagen und entschied: „Unser Zigeunerlager muß so ausschauen, daß jeder der es sieht, sich unwillkürlich die Taschen zuhalten muß."

Die Generalprobe verlief katastrophal. Schnitzer berichtet davon, wie die allgemeine Stimmung immer tiefer sank. Selbst Girardi fand das Werk bereits so gut wie begraben. Adele erzählte später: „Wir saßen im Theater und von allen Seiten hörten wir tuscheln und zischen. ‚Höchstens 20- bis 30mal wird das gehen!', prophezeiten die Journalisten. Hanslick kam in unsere Loge als Tröster..."

Der Theater-Aberglaube, daß die Premiere um so besser ist, je schlechter die Generalprobe ausfällt, wurde glanzvoll bestätigt. Als der „Zigeunerbaron" am

24. Oktober 1885 – in der Nacht vor Strauß' 60. Geburtstag – mit Alexander Girardi als Zsupan zum ersten Mal über die Bühne ging, gerieten die Zuhörer in Extase. Jauners meisterliche Regie mit ihren temperamentvollen Massenszenen schlug wie eine Bombe ein. Und über die Musik brach ein Begeisterungsturm herein, der selbst für Wien etwas Außergewöhnliches war. Fast jede Nummer mußte wiederholt werden. So gab es zwei Aufführungen an einem Abend. Die Rolle des Zsupan aber hob Girardi auf den Gipfel seiner Popularität. Und gerade das von Strauß angezweifelte Couplet vom „Borstenvieh und Schweinespeck" wurde zum Schlager.

Vierundachtzigmal fegte der „Zigeunerbaron" hintereinander über die Bretter und wie ein Lauffeuer ging der Wiener Erfolg um die ganze Erde. Strauß löste damit eine Flut ungarischer Operetten aus und erfüllte gleichzeitig eine eminent diplomatische Mission: das ungarische Milieu auf der Bühne, durch ihn geboren, offenbarte auf liebenswürdigste Weise den beiden zankenden Nachbarn, die zwar im selben Staat, aber in durchaus getrennten Lagern lebten, wie viel man im Grunde für einander übrig hatte. Der Titelheld Barinkay konnte dafür als Symbolfigur gelten: ein ungarischer Heimkehrer, der mit einem Antrittslied im unverfälscht wienerischen Dreivierteltakt auf die Bühne springt! „Ja, dies alles auf Ehr...!"

Der „Zigeunerbaron" aber verursachte noch eine zweite Operetten-Manie: die sentimentalen, pseudotragischen Zweiten-Akt-Schlüsse. Hanslick war es, der die Gefahr erkannte, wenn diese „opernhaft tragische Wendung am Schluß des zweiten Aktes" Schule machen sollte. „Das zweite Finale würde nämlich ohne jene eingesprengte Tragik in einem fröhlichen Zug dahinrauschen, und wir könnten den reizenden Schlußwalzer, wie es sich gehört, ohne moralischen Zwiespalt genießen." Die „schielende" Pseudotragik machte trotz Hanslicks Warnung Schule: die Silberne Operette ist ohne sie kaum denkbar.

Strauß erhielt für die Partitur vom Verlag sein bisher größtes Honorar: ganze 36 000 Gulden. Ein Spaßvogel aber adressierte ein Schreiben „an den populärsten Mann von Wien". Die Post geriet in ein Dilemma. Ein hoher Postbeamter entschied sich für Karl Lueger. Der zuständige Postmeister tippte auf Johann Strauß. Der Briefträger aber wußte es besser: er trug ihn zu – Girardi.

Die größte Freude rund um den „Zigeunerbaron" erfuhr Strauß, als Kaiser Franz Joseph eine Aufführung im Theater an der Wien besuchte, den Komponisten-Dirigenten in seine Loge bat und ihm die Hand schüttelte. „Lieber Strauß, Ihre Oper hat mir sehr g'falln ... Es war sehr schön, es hat mich sehr gefreut!" Nach der Audienz fragte Jean strahlend Girardi, der mit dabei war: „Hast g'hört, was er g'sagt hat?" – „Ja, g'falln hat's ihm ..." – „Nix hast g'hört, Oper hat er g'sagt, Oper ...!" Gleichwohl wurde der „Zigeunerbaron" erst nach seinem Tod – unter Felix v. Weingartner – hofopernfähig.

Im „Zigeunerbaron", und nicht nur in diesem, trafen der „Walzerkönig" und der letzte große Monarch des österreichisch-ungarischen Vielvölkerstaates auf ihren Wegen zusammen. Die zeitliche und geistige Verbundenheit der beiden ist unübersehbar. Nebst der Würde eines der Menge längst entrückten „lieben, guten, alten Herrn von Schönbrunn" war es die Walzer- und Operettenmusik eines Johann Strauß, die diesen längst brüchig gewordenen Vielvölkerstaat immer noch zusammenhielt.

Schon 1850 hatte Strauß einen „Kaiser-Franz-Joseph-Marsch" komponiert, der erstmals beim Dommayer erklang. Jetzt, da der Monarch sein vierzigstes Thronjahr beging, huldigte ihn Strauß mit jener unvergleichlichen Köstlichkeit im Dreivierteltakt, den ein geistvoller Franzose „die schönste Blüte" nannte, „die seit 75 Jahren der phantastische Baum der Strauß-Musik über Wien abgeworfen" – dem „Kaiserwalzer". Kurioserweise war der Walzer vom Verleger Simrock eigentlich für Berlin gedacht, der ihm ursprünglich den Titel „Hand in Hand" verpaßte und eine Widmung für den eben erst inthronisierten jungen Wilhelm II. vorschlug, was Strauß ablehnte. Wem war er also zugedacht? Beiden Monarchen? Oder dachte Strauß von vornherein an Franz Joseph? Tatsache ist, daß auf dem Titelblatt der Klavierausgabe nur die Österreichische Kaiserkrone zu sehen war.

Wir wissen, daß die Titel der Straußschen Walzer mit ihrem musikalischen Inhalt meist wenig oder gar nichts zu tun haben. Beim „Kaiserwalzer" aber ist man versucht, von einer Ausnahme zu sprechen und den Inhalt „auszudeuten". Zu hören, wie viel vom Wesen des großen Einsamen von Schönbrunn in diesen Walzerklängen lebt, die still und nobel anheben, „leise beschattet von jener scheuen Zärtlichkeit, die um die Einsamkeit und das Erlittene des unglücklichen Fürsten weiß", dem man das lächelnde Bekenntnis in den Mund gelegt hat: „Meine Herren, ich hab' halt eine unglückliche Hand..."

Der sächsische Schriftsteller Paul Lindau war es, der nach der Uraufführung des Walzers – sie fand in Berlin statt! – an Johann schrieb: „Es ist keine Übertreibung, wenn ich sage, daß seit den Tagen Franz Schuberts nichts geschrieben wurde, was an wahrer Melodie, an unschuldvoller Schönheit mit dem ersten Teil Deines Kaiserwalzers auch nur zu vergleichen wäre. In den sechzehn Takten steckt mehr Musik, als in vielen Opern, die den Abend füllen, aber das Herz leer lassen."

Strauß hat seinem „geliebten Weib Adele" nicht nur den „Adelen-Walzer" (op. 424) zugeeignet, er hat für sie und ihre Tochter die einzigen seiner „nichttanzbaren" Werke geschrieben: ein „Hochzeitspräludium" für Alice und „Traumbilder" für Adele, die sogar im Druck erschienen sind. Nach seinem Tod unterschrieb sich Adele gern als „Witwe Johann Strauß".

Zu den „Traumbildern" gab Jean in einem Brief an Edi folgende Erläuterung: „Das erste dieser musikalischen Verirrung ist mehr leidenschaftlich, das zweite ist das Porträt der Adele. Dafür bekomme ich nicht 5 Gulden. Frank und frei muß man sein, was ich nie war, um auf den Gedanken zu kommen, die Familie musikalisch zu porträtieren. Du kommst auch daran, niemand ist vor meiner Grausamkeit gefeit. Denke Dir das Porträt der Netti und Therese!" – Gemeint sind die beiden Schwestern, von denen sonst nie die Rede ist, wir wissen kaum, wie sie aussahen. Jean gibt unfreiwillig ein kleines Charakterbild, wenn er feststellt: „Viel Zopf, dann wird's gehen!"

Marcel Prawy, der Adele noch persönlich gekannt und erlebt hat, rupft in seiner Strauß-Biographie der „Frau Johann Strauß" manche ihrer schillernden Federn aus: „Ihre Art, in abendfüllender Aktivität priesterliche Pietät penetrant zur Schau zu stellen und fanatisch ihre Sendung zu betonen, machte die walzerkönigliche Witwe zu einer wahren Nervensäge. Seit Richard Wagner zu seiner Gattin Cosima gesagt hatte, auch sie gehöre mit ihm in das Ruhmesmausoleum, hörte es die Wahrerin des Walzergrals nicht ungern, wenn man sie ‚die Cosima im Dreivierteltakt' nannte. Für viele aber war sie ‚die lästige Witwe'." Wie dem auch sei, Adele hat Jean viele glückliche Stunden, Tage und Monate, sie hat ihm nicht nur einen neuen Liebes-, sie hat ihm auch einen neuen Schaffensfrühling bereitet. Das bleibt ihr unbestreitbares Verdienst.

KAPITEL VII

Wegen des bisserl unschuldigen Busserls

„RITTER PÁSMÁN“ UND DIE JUBILÄUMSFESTE

Am 21. März 1886 brachte Hans Richter mit den Wiener Philharmonikern Anton Bruckners „Siebente" zur Wiener Erstaufführung, die Hanslick als „unnatürlich aufgeblasen, krankhaft und verderblich" aburteilte. Johann Strauß, der unter den Zuhörern saß, telegraphierte spontan an Bruckner: „Bin ganz erschüttert, es war einer der größten Eindrücke meines Lebens." Er lud den bäuerlichen Gottesmusikanten zu sich in die Igelgasse, und als ihn dieser mit „großer Meister" ansprach, wehrte Strauß lachend ab: „Der große Meister san Sie, i bin nur a Vorstadt-Komponist!"

Strauß hat nach dem „Zigeunerbaron" noch ein halbes Dutzend Operetten geschrieben. Nicht eine davon ist lebendig geblieben. Das lag zunächst an Jeans Wort- und Theaterfremdheit – wir sagten es schon. Überaus aufschlußreich, ja verräterisch ist in diesem Zusammenhang ein Brief des Meisters an einen ungenannten Freund, der einer Beichte gleichkommt. Es heißt dort über die „Fürstin Ninetta" unter anderem: „Was meine Leistung betrifft, konnte ich mit bestem Willen keine Inspiration aus dem Buch gewinnen."

Und dann die Beichte: „Ich habe nie das Libretto mit seinem Dialog vor mir gehabt, nur die Gesangstexte. Ich habe daher manches zu edel aufgefaßt, was der Sache geschadet hat. In diesem Buch gibt es nichts, was edel aufzufassen wäre. Bei den letzten Proben, bei welchen ich die ganze Geschichte kennenlernte, war ich ganz erschrocken. Kein redlich Fühlen, keine Wahrheit, keine Vernunft, nur Narretei! Die Musik paßt überhaupt nicht zu diesem tollen, kunstlosen Zeug. – Lebe wohl, lieber Freund! Ich bitte Dich: teile niemand diese Enthüllungen mit. Aber wahr ist die Geschicht'!"

Das waren dramatische Todsünden, die Strauß hier beichtete. Er büßte sie mit seinem eigenen Werk. Wenn ihn die Atmosphäre, das Milieu nicht inspirierte, wenn er die Handlung gar nicht kannte, dann stülpte er einfach das Füllhorn seiner Einfälle über den Text. Dort hingen sie dann in der Luft und mußten sich mit der Zeit verflüchtigen. Übrig blieben nur jene Teile, die, als absolute Musik empfangen, von vornherein in sich geschlossene Tanzstücke waren, wie etwa die Walzer „Rosen aus dem Süden", die zum Teil aus dem „Lustigen Krieg", zum Teil aus dem „Spitzentuch der Königin" stammen.

Und da war ferner Strauß' unglückseliger Hang zur Oper. Sie verleitete ihn zu einer Textwahl, die seinem innersten Wesen widersprach. Ausgelöst wurde sie durch den Rummel um Victor Nesslers Gartenlaube-Oper „Der Trompeter von Säkkingen", über die Hugo Wolf meinte, man sollte einen Strich in der Partitur machen und zwar „von der ersten Note des ersten Aktes bis zur letzten des dritten Aktes". Der Siegeszug des „Trompeters" begann 1884 in Leipzig und löste fast europaweit eine „altdeutsche" Konfektionsmode aus. Und verlockte Strauß, der nicht ungern sein Fähnchen nach dem Wind hing, gleichfalls nach einem „altdeutschen" Stoff zu greifen.

Der blutjunge und noch unerfahrene Viktor Leon, der später einmal mit der „Lustigen Witwe" weltberühmt werden sollte, aber jetzt noch weit davon entfernt war, präsentierte Strauß einen Stoff aus dem Dreißigjährigen Krieg! „Simplicius“ hieß der Titel, und das war der Name des Helden aus dem barocken Roman von Grimmelshausen, wo es um Not und Elend, Plünderei, Raub, Mord und Totschlag geht. Das Libretto war ursprünglich dem komponierenden Harfenvirtuosen Alfred Zamara zugedacht, der bereits den ersten Akt fertig hatte.

„Gebrach es ihm an Urteil oder besaß er zu wenig Selbständigkeit und Energie, seine Meinung zu vertreten?“, fragt Max Kalbeck. „Bei ihm hatte jeder Recht und behielt es, wenn der Rechthaber zufällig der letzte war... Bevor er sich für ein Sujet entschied, fanden förmliche Palastrevolutionen in der Igelgasse statt und es wurden in den beiden Parterrezimmern Intrigenstücke aufgeführt, die für den unbeteiligten Zuschauer meist viel unterhaltender waren, als die nachher ausgewählten Libretti. Entscheidend bei der Wahl war vor allem der jeweilige Geschmack des Publikums, dann erst wurde nach der Fabel, nach dem Szenarium, nach den Gesangsnummern gefragt.“

Der „Simplicius“ war nicht zu retten. Auch nicht durch Girardi in der Titelpartie als struppigen Waldmenschen. Bei der Premiere, die am 17. Dezember 1887 stattfand, wäre es beinahe zu einem Tumult gekommen. Josef Joseffy, der den Einsiedler sang, hatte eben seine Walzer-Romanze „Ich denke gern zurück an längst entschwundenes Glück“ beendet, als plötzlich eine entsetzte Stimme aus dem Parterre „Feuer!“ schrie. Was war geschehen? Die Hutfeder eines Choristen, der den Sofitten-Lampen zu nahe gekommen, wurde angesengt und begann zu rauchen. Und in dieser gefährlichen Situation behielt der ängstliche

Strauß völlig seine Fassung. Er hob den Dirigentenstab hoch, rief dem Sänger ein lautes „Da Capo“ zu und begann die Romanze von vorne.

Es war die letzte Operette, die Strauß selbst aus der Taufe hob. Tilgner aber verehrte ihm dann die von ihm geschaffene Statuette, die Strauß mit dem Taktstock zeigt und die während der „Simplicius“-Proben entstanden war.

Der „Simplicius“ erlebte 30 Aufführungen im Theater an der Wien. Dann zog Strauß selbst das Werk zurück und verhinderte damit Aufführungen in München und Petersburg. Den Verleger Simrock aber bat er, ihm doch alles, was vom „Simplicius“ noch vorrätig sei, zu schicken, damit ihm nicht der Käsehändler seine Ware in „Simplicius“-Noten eingewickelt ins Haus liefere.

Strauß träumte weiter von der Oper. Und kein Geringerer als Johannes Brahms bestärkte ihn in diesem Traum. Textlich bediente ihn diesmal der ungarische Burgtheaterdramatiker Ludwig Dóczi, der Goethes „Faust“ ins Ungarische, den ungarischen Faust, Madáchs „Tragödie des Menschen“, ins Deutsche übersetzt hatte. „Ritter Pásmán“ spielt im mittelalterlichen Ungarn. Der junge König küßt im Finstern die Frau des Vasallen Pásmán, worauf dieser den König verklagt. Der Hofnarr fällt das Urteil: zur Buße darf Pásmán die Königin küssen. Da der König mit Kerker droht, löst die Königin den Fall: sie küßt Pásmán.

Den Stoff mitsamt dem ergebenen ungarischen Helden hatte bereits Grillparzer im „Treuen Diener seines Herrn“ verewigt. Heinrich E. Jacob meint: „Ritter Pásmán glich aufs Haar einer langweiligen Lustspielfassung dieser Tragödie.“ Strauß selbst trifft den Nagel auf den Kopf, wenn er an Edi schreibt: „Ich will dem Dóczi keine Vorwürfe machen, aber wegen des bisserl unschuldigen Busserls so viel Skandal zu schlagen, paßt heute der korrumpierten Gesellschaft nicht. Heute wäre es dem Publikum sympathischer gewesen, der König hätte die ehrbare Rittersfrau verführt.“

Er vertonte das Buch trotzdem. „Der kleinste Erfolg einer Oper von mir steht in meinen Augen höher als viele andere“, bekannte er seinem Schwager Simon. Und später seinem Bruder Edi: „Ich will mit ihm kein Vermögen anstreben – habe ich den Pásmán doch nur geschrieben, um zu beweisen, daß man mehr kann, als Tanzmusik schreiben.“ – Es hat etwas Ergreifendes zu sehen, wie Strauß hier „gegen sich“ schrieb, wieviel er sich versagte, um aus einem „leichten“ ein „schwerer“ Komponist zu werden.

Aufschlußreich in dieser Hinsicht ist eine briefliche Enthüllung an Adele: „Plötzlich, während ich an einer hochdramatischen Szene arbeite, fährt mir wie der Blitz ein Hauer von einem Walzer durch den Schädel... Als er entstanden, fluchte ich und dachte: ‚Saukerl, dich kann ich jetzt nicht brauchen! Verschwind!‘“

Es war Strauß’ erste durchkomponierte Oper. Zugleich das erste Werk, dem sich die Tore der vielumworbenen Hofoper erschlossen. Direktor Wilhelm Jahn hatte es angenommen – wohl vorerst nur mit halbem Herzen. „Ich habe mich neuerdings davon überzeugt“, schrieb Dóczi an Strauß, „daß Jahn sich

K. k. priv. Theater an der Wien.

Unter der Direktion Geistinger & Steiner.

Sonntag den 5. April 1874.

Zum erstenmale:

Die Fledermaus.

Komische Operette in 3 Akten nach Meilhac und Halevy's „Reveillon", bearbeitet von C. Haffner und Richard Genée. **Musik von Johann Strauss.**

Tänze arrangirt von der Balletmeisterin Frau Therese v. Kilany.

Die neuen Dekorationen des ersten und zweiten Aktes von Herrn Alfred Moser. — Die neuen Kostüme angefertigt vom Obergadrobier Herrn Schulze.

Möbel von Aug. Kitschelt's Erben (Rudolf Kitschelt), k. k. Hoflieferant.

Gabriel von Eisenstein, Rentier	Hr. Szika.
Rosalinde, seine Frau	Marie Geistinger.
Frank, Gefängniß-Direktor	Hr. Friese.
Prinz Orlofski	Frl. Rittinger.
Alfred, sein Gesanglehrer	Hr. Rüdinger.
Dr. Falke, Notar	Hr. Lebrecht.
Dr. Blind, Advokat	Hr. Rott.
Adele, Stubenmädchen Rosalindens	Fr. Charles-Hirsch a. G.
Ali-Bey, ein Egypter	Hr. Romani.
Ramusin, Gesandschafts-Attaché	Hr. Jäger.
Murray, Amerikaner	Hr. Liebold.
Cariconi, ein Marquis	Hr. Thalboth.
Lord Middleton	Hr. Fink.
Baron Oskar	Hr. Mellin.
Frosch, Gerichtsdiener	Hr. Schreiber.
Ivan, Kammerdiener des Prinzen	Hr. Gärtner.
Ida, (Gäste des Prinzen Orlofski)	Frl. Jules.
Melanie, (Gäste des Prinzen Orlofski)	Frl. Kopf.
Felicita, (Gäste des Prinzen Orlofski)	Frl. Schindler.
Sidi, (Gäste des Prinzen Orlofski)	Frl. Treuge.
Minni, (Gäste des Prinzen Orlofski)	Frl. R. Grünfeld.
Faustine, (Gäste des Prinzen Orlofski)	Frl. A. Grünfeld.
Silvia, (Gäste des Prinzen Orlofski)	Frl. Künzler.
Sabine, (Gäste des Prinzen Orlofski)	Frl. Stubel.
Bertha, (Gäste des Prinzen Orlofski)	Frl. Steinburg.
Lori, (Gäste des Prinzen Orlofski)	Frl. Donner.
Paula, (Gäste des Prinzen Orlofski)	Fr. Romani.
Erster (Diener des Prinzen)	Hr. Buchner.
Zweiter (Diener des Prinzen)	Hr. Kaschke.
Ein Amtsdiener	Hr. Schwellak.

Herren und Damen. Masken. Bediente.

Die Handlung spielt in einem Badeorte, in der Nähe einer großen Stadt.

Vorkommende Tänze:

1. **Spanisch,** ausgeführt von Frl. Grillich und 8 Damen vom Ballet.
2. **Schottisch,** Frl. Geraldini, Fechtner, Wollschack, Meier und Wiest.
3. **Russisch,** Frl. Angelina Bonesi, Frl. Stubenvoll, Nagelschmidt, Gwelkofsky, Guhr, Schmidt und Großeli.
4. **Polka,** Frl. Walter, Frl. Raab und Anna Thorn.
5. **Ungarisch,** ausgeführt von Frl. Benda und Herrn Conqui.

Anfang 7 Uhr.

K. k. Hoftheater-Druckerei. (J. K. St. G.)

18 Theaterzettel der Fledermaus-Premiere

19/20 Johann Strauß und sein Donauwalzer

mit dem Werk selbst fast gar nicht beschäftigt hat, er kennt es werder im Großen, noch im Detail. Daraus schließe ich, daß er beim Einstudieren sich an das Gegebene halten, die Verantwortung ganz uns überlassen, das heißt vom Erfolg sein Teil übernehmen, dagegen dort, wo es vielleicht hapert, mit dem Taktstock auf Dich und mich deuten und – die Achseln zucken wird."

Aber als es dann im Herbst an die Proben ging, revidierte Dóczi seine Meinung gründlich: „Jahn ist großartig! Er sieht und hört alles, arbeitet alles fein heraus, schont niemanden und läßt Stellen bisweilen zehn Mal wiederholen!" Die Premiere fand am Neujahrstag 1892 statt. Franz Reichenberg, Wagners erster Fafner, sang die Titelpartie. Jahn dirigierte. Das „Fremdenblatt" prophezeite einen „Kassenmagneten". Aber es gab nur acht Reprisen, dann verschwand das Werk in der Versenkung.

Viel klarer sah Ludwig Speidel: „Diese Oper ist mehr als ein ästhetisches Werk, sie bedeutet eine Selbstentäußerung des Komponisten. Sie ist eine wahrhaft sittliche Tat und nötigt uns, auch wenn sie uns nicht gefallen sollte, die größte Hochachtung ab." Zuletzt aber kam er zu dem Schluß: „Ohne Zweifel wird man in die ‚Fledermaus' gehen, um sich vom ‚Ritter Pásmán' zu erholen."

Die „Presse" hielt Strauß vor, sich an das falsche Vorbild gehalten zu haben. Das richtige hätte für ihn nur die leichte französische Spieloper sein können. „Er aber hat die ‚Meistersinger' zum Muster genommen." – Strauß, sonst wenig berührt von abfälligen Kritiken, war diesmal überraschenderweise äußerst gereizt. „Sie sind Professoren!", äußerte er sich zornig zu Freund Lewy. „Die müssen's besser wissen als andere! Die müssen recht haben! ... Ich scheiße auf alle Professoren der Musiklehre!"

Aber nach der Berliner Premiere, die auch keine besondere Nachwirkung zeigte, hatte Strauß bereits wieder seinen Humor gefunden: „Es freut mich", bekannte er Freund Simon, „die Welt und mich selber getäuscht zu haben. Es war eine Caprice von mir, für die leider mein Verleger Simrock 40 000 Gulden zu bezahlen die Neigung verspürte."

Und als ihm Monate später zu seinem 50-Jahr-Jubiläum Dóczi eine Torte präsentierte, die mit Zuckernoten aus dem „Pásmán" garniert war, meinte er lachend zu dem Spender: „Na endlich, lieber Freund, hast du meiner Musik etwas Genießbares unterlegt!"

Nach dem „Pásmán" kehrte Strauß resignierend wieder zur Operette zurück, was ihm durchaus nicht leichtfiel. „Ich schmiere schon wieder in der Operette herum", klagte er einem Freund, „aber ich kann es nicht leugnen, es kommt mir schwer an, mich wieder an die gemeine Dudelei zu gewöhnen. – Inspirationslos schreibe ich an diesem Werk – es wird ein wahrer Schund werden, kannst dich drauf verlassen. Ich werd's noch dahin bringen, daß die Leut' sagen: er soll lieber Opern schreiben! Dies wäre ein Triumph!"

Die Rede war von der „Fürstin Ninetta", die Strauß nach einem ihm völlig unbekannten Textbuch schrieb, wie wir schon hörten. Es stammte von Julius Bauer und Hugo Wittmann, die – offenbar aus Angst vor der Konkurrenz – den Stoff und die Handlung derart geheimhielten, daß sie beides nicht einmal Strauß verrieten, sondern ihm bloß die Gesangstexte zuspielten. Im Libretto wurde die Duse parodiert und Sigmund Freuds Psychoanalyse verulkt. Strauß hatte davon keine Ahnung. Seine Erkenntnis: „Die Musik paßt gar nicht zu diesem tollen, kunstlosen Zeug...", kam zu spät.

Die Hoffnung auf den Triumph, „daß die Leut' sagen, er soll lieber Opern schreiben", ging dennoch nicht in Erfüllung. Die „Fürstin Ninetta", am 16. Jänner 1893 im Theater an der Wien uraufgeführt, überflügelte die „Fledermaus" und erlebte 75 Reprisen in Serie. Dazu bei der Premiere einen kaiserlichen Besuch: Franz Joseph erschien überraschend, reichte Strauß die Hand und meinte: „Ihre Musik altert so wenig wie Sie selbst!" – Ilka Palmay verkörperte die Titelpartie, Girardi kreierte als ägyptischer Finanzminister Cassim Pascha den „Girardi-Hut". Strauß aber ließ sich diesmal nicht täuschen. Als ihn die Freunde aufmuntern wollten, soll er gesagt haben: „Ich bitt' euch, das Publikum hat recht, 's is' ein Schmarrn!" Im 3. Akt gab es als Einlage ein Kinderballett. Die Musik dazu hat als „Neue Pizzikato-Polka" (op. 449) die „Fürstin" bis heute überlebt.

Anfangs der achtziger Jahre brach über Strauß eine Flutwelle an Jubiläumsfestlichkeiten herein. 1884 feierte Wien die 40. Wiederkehr seines ersten Auftretens beim Dommayer. Bürgermeister Eduard Uhl verlieh Strauß „in Anerkennung seines hervorragenden künstlerischen und humanitären Wirkens" taxfrei das Bürgerrecht der Stadt, nicht zu verwechseln mit der Würde des Ehrenbürgers, die Strauß ebenso wenig erlebt hat wie sein Vater.

1885 beging die halbe Welt Stauß' 60. Geburtstag. Berlin feierte drei Tage ununterbrochen: am 15. September gab es den 300. „Lustigen Krieg", am 16. September die 50. „Nacht in-Venedig" und am 17. die 400. „Fledermaus". In Wien trafen ganze Wagenladungen an Glückwunschbriefen und -telegrammen ein. Das Hauspersonal mußte sämtliche Waschkörbe zu Hilfe nehmen.

Die Festvorstellung im Theater an der Wien dirigierte Strauß persönlich. Auf dem Programm standen die „Indigo"-Ouvertüre, der „Blinde Kuh"- und der „Donauwalzer". Außerdem spielte man den 1. Akt aus der „Nacht in Venedig" und den 2. Akt aus der „Fledermaus". Bei Orlofsky erschienen der Reihe nach alle Hauptfiguren der Strauß-Operetten. Zuletzt stürmte ein Ungar in Honved-Uniform auf die Bühne: „Entschulden Sie, daß ich so spät komme, aber ich bin eben erst fertig geworden – ich bin der Zigeunerbaron!"

„Ich habe leider noch immer viel mit der ‚Jabuka' zu tun", schrieb Strauß im Juni 1894 an Freund Priester, „da ich ohne Librettisten sie nicht fertig machen kann und ohne Verse meiner Phantasie zu große Freiheit gewähre... Auf vorhandene Musik zu schreiben, hat weder der eine noch der andere Befähigung." Der eine und der andere, das waren der Preßburger Militärschriftsteller und Zeitschriftenverleger Gustav Davis (recte David) und Max Kalbeck, der zuvor schon Strauß ein Libretto nach Shakespeares „Was ihr wollt" angeboten hatte.

„Jabuka oder das Apfelfest", Strauß' nächste Operette, wurde angeregt durch den Erfolg von Smetanas

„Verkaufter Braut“, die nach der großen Theaterausstellung von 1892 auch ans Theater an der Wien kam. Sie war die erste Balkan-Operette oder – wie es Decsey ausdrückte – die „Vorläuferin der Lehárschen Slawen-Operette“. Die Uraufführung am 12. Oktober 1894 mit Girardi als Joschko bildete den Auftakt zum 50-Jahr-Jubiläum des ersten Auftretens des Walzerkönigs und erreichte, nicht zuletzt dank Girardi, noch über 50 Reprisen.

Vor der Premiere schrieb Strauß aus Ischl an Girardi: „Wir Autoren liegen in Bezug auf das Schicksal der ‚Jabuka‘ in Gottes – richtig gesagt in Girardis – Hand. Auf Ihren Schultern ruht nicht nur jedes Werk, sondern auch die Existenz des Theaters an der Wien. Sie können begreifen, daß sich alle Autoren an Sie so fest wie nur möglich klammern – Sie beim Kopf und an den Füßen packen und nimmer auslassen. Denn Sie allein haben die größte Macht, über das Sein oder nicht Sein zu entscheiden!“ – Und acht Tage später, indem er seinen „liebsten Xandi“ bereits duzte: „Immer bat ich beide Librettisten: gebt nur dem Joschko – wo nur möglich – Gelegenheit, sich hervorzutun. Du wirst zugeben, daß es bisher noch in keiner fremden Operette der Fall war, daß Deinem Genie so viel Gelegenheit gegeben wurde, in kurzen Momenten zu glänzen. Diese Erfindung ist mein! Ich bin sehr stolz darauf! Girardi wie einen Blitz in die Situation zu schleudern – ist großartig! Geh’, lobe mich und sei mir gut!“

Und nach der Premiere wieder an Girardi: „Der Komponist müßte eigentlich mit dem Librettisten in einem Bett schlafen, um ihn selbst in der Nacht zur Seite zu haben.“ Diese Erkenntnis kam zu spät. Aber Strauß tröstete sich: „Das Libretto ist nicht glänzend, aber nicht so schlecht: wie man es macht. Als Sündenbock dürfte ich mich allein betrachten. Aber keck genug bin ich dennoch zu sagen, daß ich schon schlechtere Musik in erfolgreicheren Operetten zu hören bekam."

Stand die „Jabuka"-Premiere am Beginn des 50-Jahr-Jubiläums, so bildete 16 Tage später die „Fledermaus"-Matinee in der Hofoper den Abschluß. Dazwischen reihte sich ein Fest an das andere. Den absoluten Höhepunkt brachte ein nachmittägiges Promenadenkonzert im Musikverein unter Eduards Leitung, das ausschließlich Werke von Johann darbot. Eine zeitgenössische „Chronik jener Jubiläumstage" berichtete: „Was Freitag im Theater an der Wien, Samstag in der Hofoper und mittags im Musikvereinssaal an Enthusiasmus geleistet wurde, nahm sich gegen den nachmittägigen Sturm wie ein Kinderspiel aus – ein Toben, ein Tosen, ein Delirieren ... Schwerlich hat ein Künstler je Ähnliches erlebt."

Aus aller Welt trafen Glückwünsche und Ehrungen ein. Aus Amerika ein silberner Lorbeerkranz mit 50 Blättern, die mit den Titeln der berühmtesten Strauß-Werke beschrieben waren. Die Hawaiische Kapelle aus Honolulu sandte ein Foto mit der Inschrift: „Auch bei uns am Pazifik ist die Donau so blau!" Die Gesellschaft der Musikfreunde ernannte Strauß zu ihrem Ehrenmitglied. Der vormalige Vizekönig von Ägypten übermittelte als Geschenk zwei Giraffen. Strauß machte sich ernsthaft Gedanken darüber, wie er die Tiere unterbringen könnte. Aber dann stellte sich heraus, daß er einem Scherz der Freunde aufgesessen war.

Johannes Brahms, dem der Jubilar seinen Walzer „Seid umschlungen Millionen" gewidmet hatte, traf als erster Gratulant in der Igelgasse ein und machte sich erbötig, die Honneurs für die nachfolgenden Gratulanten zu übernehmen. Strauß' Stieftochter Alice brachte ihm ihren Autogrammfächer und bat um eine Unterschrift. Brahms schrieb darauf die Anfangstakte des „Donauwalzers" und darunter die Worte: „Leider nicht von – Johannes Brahms."

Richard Strauss gratulierte schriftlich: „Möchten Sie ein Millionstel von dem Glück genießen und der Fröhlichkeit stets teilhaftig sein, die Sie in der langen Zeit Ihrer künstlerischen Tätigkeit allen Menschen, und nicht zuletzt dem ergebenen Schreiber dieser Zeilen durch Ihre genialen Kompositionen erleben ließen." Richard Strauss hat selbst angedeutet, daß er beim „Rosenkavalier" selbstverständlich an den Walzerkönig gedacht und sich dabei an die „Marienklänge" angelehnt habe. Hier irrte der Meister. Erstens stammen die „Marienklänge" nicht von Johann, sondern von Josef – sie sind dessen Opus 214 – und zweitens hat sich Strauss gar nicht an die „Marienklänge", sondern an Josefs „Dynamiden"-Walzer gehalten, in dem sich die Dreivierteltakt-Klänge des Ochs auf Lerchenau – wie Peter Kemp zuerst feststellte – fast notengetreu finden.

Strauß war kein Redner. „Lieber zehn Walzer schreiben, als eine Rede halten!", soll er bekannt haben. Aber beim Festbankett im „Grand Hotel" mußte er, ob er wollte oder nicht, das Wort ergreifen. Er tat es mit mächtigem Herzklopfen. Ein Zeitungsbericht hat seine Rede präzise überliefert: „Meine Herren! (Nach einer Pause.) Ich bin kein Redner. Die Auszeichnungen, die mir heute zuteil wurden, verdanke ich meinen Vorgängern (tiefbewegt), meinem Vater und Joseph

Lanner. Sie haben mir angedeutet auf welche Weise ein Fortschritt zu erreichen ist, er war nur möglich durch Erweiterung der Form. Das war mein Verdienst, mein schwaches Verdienst (Oho-Rufe). Ich bitte, es nur als das zu nehmen. Ich fühle es, man tut mir zu viel Ehre an, man zeichnet mich zu viel aus. (Nach einer Pause.) Ich habe schon zu viel gesprochen ... Nichts mehr ... es ist schon aus." (Große Heiterkeit, dann schallende Bravorufe.)

Gewitzt durch diese Tortur setzte sich Johann für den intimeren Empfang in der Igelgasse seine zweite Muß-Rede auf, schrieb sie nieder und las sie fließend ab: „Ich danke die Ausgestaltung meines Talents nur meiner geliebten Vaterstadt Wien, in deren Boden meine ganze Kraft wurzelt, in deren Luft die Klänge liegen, die mein Ohr gesammelt, mein Herz aufgenommen und meine Hand niedergeschrieben; meinem Wien, der Stadt der Lieder und des Gemüts, der Stadt der schönen Frauen, die jeden Künstler begeistern und bezaubern; Wien, dem Herzen unseres schönen, gottgesegneten Österreich!"

KAPITEL VIII

Nur kein Sonnenschein zur Arbeit!

GENIE UND MENSCH – „WIENER BLUT“ UND JOHANNS TOD

1892 wählte Strauß den Kurort Ischl im Salzkammergut zu seinem Sommersitz. Dort fühlte er sich so wohl, daß er bis 1898 immer wiederkehrte. 1893 verkaufte er sein Gut in Bad Schönau und erwarb dafür die Villa Erdödy in Ischl um rund 27 000 Gulden. Hier begegnete er dem Kaiser, hierher kamen seine Freunde zur Erholung, allen voran Johannes Brahms. Als auch der König von Siam nach Ischl kam, gab man im Ischler Hoftheater auf kaiserlichen Befehl die „Fledermaus". Strauß leitete die Ouvertüre und empfing „auf offener Szene" den Siamesischen Orden vom Weißen Elefanten.

Wie sehr ihm Ischl auch klimatisch entgegenkam, erhellt aus einem Brief an Kalbeck, der zugleich ein grelles Schlaglicht auf Strauß' Persönlichkeit wirft: „Mein Aufenthalt hier vollkommen nach meinen Wünschen. Erstens permanentes Regenwetter! – Das lebhafte Rauschen des nahe liegenden Baches unendlich sympatisch, und im geheizten Zimmer Noten schreiben! Herz, was willst du noch mehr für einen Menschen wie ich beschaffen? Welche Seligkeit empfinde ich, wenn das Knistern und Prasseln des Ofenfeuers mir in den Ohren klingt! Je mehr es draußen stürmt und tobt, desto wonniglicher ist mir zu Mute! Nur kein Sonnenschein zur Arbeit – aber im Schicksal, im Geschick des Lebens darf er nicht fehlen!"

In seiner Musik wird man den Menschen Johann Strauß vergeblich suchen. Dort findet man nur die eine Seite seines Wesens: den Freudenspender, der der Welt zum Tanz aufspielt, den wienerisch feschen, lieben Kerl. Also jenen Jean, den lange nach seinem Tod Adele so charakterisiert hat: „Echte Liebenswürdigkeit, vom Wiener Grundton durchzogen, nahm alle gefangen, die ihm begegneten. Sein Lächeln, sein schalkhaft blitzendes Auge, sein bezaubernder Humor übersonnten alle Nichtigkeiten des Alltags, alle Banalitäten des Lebens. Naiv wie ein Kind, war er doch ernst und bedacht in Fragen seiner Kunst. In seiner wahrhaft übertriebenen Bescheidenheit war er der strengste Beurteiler seiner Arbeit, am glücklichsten in der Einsamkeit seines Studios und engster Häuslichkeit."

Und die andere Seite? Der ewige Zweifler an seiner Leistung, der Hypochonder, der Opportunist, der Nachtmensch, der Angsthase, der Neurastheniker, der allezeit Anlehnungsbedürftige, der die Bevormundung brauchte, der nicht allein sein konnte und zuletzt, von Massen verwöhnt und umjubelt, völlig vereinsamt war? Damit haben sich die neueren Biographen intensiv beschäftigt und sind bisweilen weit übers Ziel geschossen. Da ist der „dämonische Spießbürger", der „Mann beinahe ohne Eigenschaften", da ist der Fall für den Psychiater: „Manche Anzeichen lassen sogar auf schwere psychische Krankheiten schließen" (Franz Mailer).

Die Wahrheit wird wohl, wie immer, in der Mitte liegen. Die Schattenseiten waren da und schon für die Zeitgenossen klar erkennbar: „Strauß glaubt immer, hinter dem, was er schon geleistet, zurückzubleiben. Er gehört zu jener Rasse von Künstlern, die ihr Leben damit verbringen, an sich selbst zu zweifeln", schrieb ein deutscher Journalist. Und die zeitgenössische Wiener Presse vermerkt: „Strauß ist nervös und Hypochonder. Er hat alle möglichen und unmöglichen Krankheiten, besonders jene, an denen irgendein Bekannter eben gestorben ist. Eigentlich fehlt ihm gar nichts, aber man ist leidend genug, wenn man an allen Krankheiten leidet, die man nicht hat."

Im Gegensatz zu seinem Vater, den das Fernweh in der weiten Welt herumtrieb, war der Sohn heimgebunden und allergisch gegen jeden Ortswechsel. Er hatte Angst vor Gewittern und vor der Eisenbahn. Der rasche Wechsel der Landschaft regte ihn auf. Das ging so weit, daß er während der Fahrt die Fenstervorhänge zuzog oder sich sogar auf den Boden setzte. „Das Eisenbahnfahren kommt bei mir gleich neben dem Hängen", soll er einmal gesagt haben. Viadukte und Steigungen verkrafte er nur mit Hilfe von Champagner, berichtet Decsey. – Aber ganz so schlimm kann es wohl nicht gewesen sein. Denn der Sohn kam – wir wissen es – noch viel weiter herum als der Vater.

Über seine Schauspielerpose, die Strauß wie seine äußere Eleganz und seine pechschwarzen Kopf- und Barthaare bis ins hohe Alter festhielt, schrieb Max Kalbeck: „Seine Persönlichkeit hatte auf den ersten Blick etwas Gekünsteltes, Zurechtgemachtes, das mich eher abstieß als anzog. Waren die pechschwarzen Haupt- und Barthaare echt in der Farbe, und hatten sie den starren Schwung ihrer gekräuselten Locken nicht vielleicht der Brennschere des Friseurs zu verdanken? Auch störte es mich, wenn der immer wieder vor die Rampe gerufene Meister endlich die Linke zum stummen Zeugen seines ergebenen Dankes machte, indem er sie aufs Herz drückte, während er einen innigen Blick tiefster Rührung zur johlenden Galerie hinaufsandte."

Und Kalbeck setzt fort: „Es dauerte denn auch vier Jahre, bis ich ihm zufällig in einer Abendgesellschaft vorgestellt wurde. Seine wahrhaft hinreißende gute Laune, sein chevalereskes Benehmen den Damen gegenüber, sein herzlicher Humor und seine mit Ironie und Geist versetzte Naivität, das alles löschte die letzte Spur jenes früheren ungünstigen Eindruckes aus und nahm mich so völlig gefangen, daß ich nicht nur über alle störenden Äußerlichkeiten hinwegkam, sondern bald anfing, sie als notwendiges Zubehör seiner Erscheinung zu betrachten."

Strauß ging aus freien Stücken in kein Theater, in kein Konzert, aber er erkannte wie selbstverständlich die „Zukunftsmusik" Wagners und setzte sich sein Leben lang für wertvolle „ernste" Musik ein. Literatur lag ihm fern. Noch ferner lagen ihm alle metaphysischen Fragen. Er war ein Diesseits-Virtuose, diesseitig und unintellektuell wie der Walzer, dessen König er war. An seinem Wesen ist kein einziger Zug eines romantischen Genies zu finden, er war ein durch und durch bürgerlicher Mensch – wie sein Namensvetter und Kollege Richard Strauss – ohne Künstlermähne und Künstlerallüre. Er, der leidenschaftliche Nichttänzer, der ungezählte Menschenmassen zu Paaren trieb, brauchte zum Komponieren die Behaglichkeit der vier Wände, und: „Ich kann nur dann arbeiten, wenn ich keinen kleinlichen Ärger habe."

Ignaz Schnitzer berichtet aus der Erfahrung: „In Strauß' Kopf summt und klingt und webt und treibt es ohne Unterlaß, und wie ein anderer um zu leben Luft einatmen muß, so muß er Melodien ausatmen. Auf jedem Tisch in seiner Wohnung, in jeder Tasche seiner Kleidung muß Notenpapier und Bleistift vorhanden sein, denn fast keine Stunde vergeht, in der es nicht etwas aufzuzeichnen gäbe."

Es ist auffällig und bemerkenswert, daß es unter den vielen erhaltenen Bildnissen des „heiteren Freudenspenders" nicht eines gibt, auf dem er wenigstens lächelt, vom Lachen ganz zu schweigen. Fast stets schaut er ernst, im berühmten Gemälde von Franz Lenbach, das im Mai 1895 in München entstanden ist, sogar erschrocken, ja entsetzt in die Welt. Aber deswegen in seinem Wesen wie in seiner Musik den Grundton einer „tiefen, beinahe schaurigen Melancholie" festzustellen, ist genauso übertrieben, ja verlogen, wie das geschminkte Bild des ewig lachenden Sorgenbrechers. Richard Strauss nannte ihn den „lachenden Genius Wiens". Das war er nicht. Andererseits aber ist es ebenso falsch zu behaupten: „Kein heiterer Ausspruch, kein Scherz, kein Lachen sind von ihm überliefert, wohl aber Ängste, Depressionen, Neurosen" (Hans Weigel).

Geradezu grotesk wirkt die Behauptung, Strauß' Arbeit sei wegen seiner Selbstzweifel die „mühevollste" gewesen, „die man sich denken kann". Damit wird aus dem genialen Einfallskünstler, der noch im Alter gestand, daß aus ihm die Melodien „herausfließen wie leeres Wasser", im Handumdrehen ein schwitzender Arbeitskünstler, der er nie war. Strauß kannte die künstlerische Fron nicht. Er mußte sich das Werk nicht erpressen, es entfiel ihm. Im Grunde komponierte er immer, im Wachen und im Schlafen. Fehlte Papier, so nahm er die Manschetten zu Hilfe. Dort notierte er bisweilen mitten in einem aufregenden Tarockspiel eine Melodie. Den „Simplicius"-Walzer, der ihn bedrängte und nicht einschlafen ließ, skizzierte er auf dem Leintuch.

21 Das Porträt zum Jubiläumsjahr

22 Apotheose des Walzerkönigs

So leicht beeinflußbar und abhängig Strauß als Mensch war, so unabhängig war und ist er in seiner Musik, ein durch und durch Eigener. Geprägt ausschließlich vom Aroma und dem Dialekt der Wiener Landschaft, die er – trotz „G'schichten aus dem Wienerwald" – gar nicht wahrnahm. Er, dem die Natur nicht vertraut, sondern eher unheimlich war, bekannte einmal Freund Priester: „Ich schreibe in einer Nacht bei stürmender Witterung doppelt so viel als in der schönsten Sommernacht. Diese kommt mir vor wie eine poetisch angehauchte fade Blondine." Bei ihm haben denn auch nie, wie bei Beethoven oder Brahms, die Stimmen dieser Landschaft mitkomponiert. Er war und ist diese Landschaft selbst. Als solchen nennt ihn Specht mit Recht den „absoluten Dialekt-Musiker".

Hektor Berlioz bekannte in seinen Memoiren: „Die Walzer von Strauß mit ihren feurigen, einem Liebesruf gleichenden Melodien haben die Gabe mich tief traurig zu stimmen." Und Felix von Weingartner bekannte später einmal sogar: „Für mich hat der Strauß'sche Walzer etwas tragisches." Aus Weingartner spricht offenbar nostalgisches Resentiment, die Trauer über die dahingegangene Walzer-Hoch-Zeit. Im übrigen wohl auch jene leise Trauer um das „verlorene Paradies", das im Grunde ja wirklich in jedem Walzer steckt. Die heimliche Träne, die der Walzer in die Hände weint, ist für gemütvolle Menschen nicht nur bei Schubert, sondern auch bei Lanner, Josef und Johann Strauß zu spüren. Es ist die heimliche Träne des Abschiednehmens, das schon in Raimunds „Brüderlein fein" klassisch geworden ist und sich seitdem in der österreichischen Kulturszene wie ein roter Faden fortspinnt bis zur Marschallin in Richard Strauss' „Rosenkavalier".

Solange Strauß dirigierte, bedurfte er keiner Bewegungstherapie. Und später vermied er sie. „Das sogenannte Spazierengehen kennt er bloß auf dem Lande", berichtete Frau Adele aus Ischl, „übt es aber auch nur so weit als das Gasthaus ‚Zur G'stätten' von Ischl entfernt ist..., dort muß er hin, weil dort seine ständige Tarockpartie ihre Sitzungen hält." Beim Tarockieren konnte sich seine Spielernatur ausleben. Gelang es ihm dabei zu „mogeln", ohne erwischt zu werden, hatte er, der sechsfache Hausbesitzer, eine diebische Freude. Wie in Mozarts Leben so durfte auch in dem seinen das Billard nicht fehlen. In jeder seiner Villen befand sich ein Billard. Die Wohnung in der Igelgasse hatte ein eigenes Billardzimmer mit Spieltischen, das Strauß sein „Kaffeehaus" nannte.

Zu seinen gern geübten Spielereien zählte auch das Karikaturen-Zeichnen. Vorübergehend nahm er sogar Unterricht bei dem Landschaftsmaler Anton Hlawacek. Seine Karikaturen sind primitiv, kindlich, aber treffsicher. Auf Lorbeerkränze, mit denen er überhäuft wurde, legte er, wie Brahms, wenig Wert. Er verstaute sie in einem kleinen Gartenpavillon in Schönau, den er gelegentlich seinen Freunden mit den Worten präsentierte: „Das ist die Rumpelkammer meiner Berühmtheit!"

Johann Strauß ist einer der erfolgreichsten Künstler, die es je gab. Er besaß nicht nur die Begeisterung der vielen Ungenannten, sondern auch die Bewunderung der wenigen Großen, die sich gerne um ihn scharten. Zu seinen Freunden zählten neben Brahms, Billroth und Goldmark die Pianisten Grünfeld und Leschetitzky, der Bildhauer Viktor Tilgner und der berühmte Klavierfabrikant Bösendorfer. Franz Liszt empfing ihn in Budapest, spielte ihm zu Ehren „Soirée de Vienne" und endete mit einer Paraphrase auf den „Donauwalzer". Alfred Grünfeld nannte Strauß ein „alle tausend Jahre einmal erstehendes Musikantenvollblut" und versicherte: „Er war nicht nur ein Genie, er war auch der prachtvollste Mensch, den man sich denken kann."

In ihrer Bewunderung waren sich die beiden Antipoden Brahms und Wagner einig. Wagner beging seinen 63. Geburtstag bei Straußschen Klängen, dirigierte selbst den Walzer „Wein, Weib und Gesang" und feierte in einem Trinkspruch alle musikalischen Genies „von Johann Sebastian Bach bis Johann Strauß". In seiner Schrift über die Wiener Oper stellte er fest: „Ein einziger Straußischer Walzer überragt, was Anmut, Feinheit und wirklichen musikalischen Gehalt betrifft, die meisten der oft mühselig eingeholten ausländischen Fabrikprodukte, wie der Stephansturm die bedenklich hohlen Säulen zur Seite der Pariser Boulevards." Brahms versicherte in einem Brief an den Freund, daß er, Strauß, heute der einzige Musiker und Komponist sei, den er beneide. Und sein Urteil über den „Kollegen" lautete: „Der Mann trieft von Musik! Dem fällt eben immer etwas ein. Darin unterscheidet er sich – von uns andern."

Wilhelm Kienzl, der Schöpfer des populären „Evangelimanns" meinte: „Was Produktivität und Fülle der melodischen Erfindung betrifft, gebührt Strauß ein Platz unmittelbar neben Mozart und Schubert." Und Richard Strauss nannte ihn den liebenswürdigsten Freudenspender von allen Gottbegnadeten und als einen der Letzten, „die primäre Einfälle hatten ... Gern gestehe ich auch, etwa das ‚Perpetuum mobile' gelegentlich mit viel größerem Vergnügen dirigiert zu haben als manche viersätzige Symphonie."

Im September 1894 meldete Strauß aus Ischl an Freund Priester: „Die Witterung fünf Grad Kälte – Gebirge vom Schnee gebleicht – läßt nichts zu wünschen übrig. Die erste Szene des ‚Waldmeisters‘ – nicht nur konzipiert, sondern teilweise auch instrumentiert – verdanke ich ihr." – Es war Strauß' vorletzte Operette und Girardis letzter Auftritt in einem seiner Werke. Diesmal als sächselnder Botanikprofessor.

Girardi, dem seine Gattin, die Burgschauspielerin Helene Odilon die Ehe-Hölle heiß machte, wollte seine Rolle niederlegen, hielt aber dann doch bei der Stange, konnte aber nicht viel retten. Und Decsey faßte zusammen: „Im Ganzen verhält sich ‚Waldmeister‘ zur ‚Fledermaus‘ wie Lindenblütentee zu Champagner."

„Die Göttin der Vernunft", Strauß' letzte Operette, uraufgeführt am 13. März 1897, spielte in der Französischen Revolution. Ärger hätte sich der betagte Meister im Stoff nicht vergreifen können. Aber er kannte die Handlung vermutlich gar nicht. Seine Erkenntnis: „Es ist eine zerfahrene, schwülstige Geschichte, die eigentlich keine Musik braucht", kam wieder zu spät. Der Durchfall war vorhersehbar.

In den dritten Akt des „Ritters Pásmán" hatte Strauß ein Ballett eingefügt, dessen Musik Hanslick „das weithin glänzende Kronjuwel der Partitur" nannte. Aus diesem „Kronjuwel" erwuchs die Idee eines abendfüllenden Balletts, die eigentlich „auf der Hand" lag. Ein Ballett des Walzerkönigs, des Schöpfers Hunderter und Aberhunderter Tänze! Was wäre natürlicher als das? Also wurde, gefördert vom Hofoperndirektor Gustav Mahler, ein Preisausschreiben für die Idee zu einem solchen Ballett veranstaltet. Es brachte rund 800 Einsendungen. Den Preis erhielt eine aktualisierte Aschenbrödel-Version, die in ein modernes Warenhaus führte, wo der Chef zum Prinzen, das Laufmädel zum Aschenbrödel wurde. Der Librettist und Preisträger blieb anonym und ist es bis heute geblieben.

Der 72jährige Strauß hatte wenig Freude daran. Im Sommer 1898 plagte er, der sonst so „Leichte", sich redlich damit ab. „Ich schreibe mir die Finger wund und komme dabei nicht vom Fleck. Ich bin auf der 40. Partitur-Seite und habe erst zwei Szenen erreicht!" Die Partitur blieb unvollendet. Josef Bayer, der Schöpfer der „Puppenfee", hat sie später nach vorhandenen Skizzen ergänzt und musikalisch eingerichtet. Gustav Mahler, der in der Jury saß und eine Aufführung in der Hofoper in Aussicht gestellt hatte, zog seine Zusage zurück. Die Premiere fand, nach Strauß' Tod, am 2. Mai 1901 unter Karl Muck in der Berliner Hofoper statt. In die Wiener Hofoper kam das Ballett erst sieben Jahre später unter Felix Weingartner und erlebte nur wenig Reprisen. „Ob man Strauß nicht lieber gleich das liebe, gemütvolle Originalmärchen hätte in die Hände geben sollen?" fragte der einflußreiche Kritiker Julius Korngold.

Gleichwohl war Johann Strauß noch ein großer Erfolg beschieden, den er allerdings nicht mehr erlebte. Der Anstoß zur Operette „Wiener Blut" – die, nach Decsey ein absolutes Kuriosum darstellt, weil Strauß „bei Lebzeiten seinen eigenen Nachlaß dazu benützte", – ging vom Carl-Theater und seinem Direktor Jauner aus, der in einer neuen Strauß-Operette die große Hoffnung für sein Haus sah. Das indessen gereifte

Team Viktor Léon und Leo Stein schuf ein Libretto, wie es der Meister seit der „Fledermaus" nicht erhalten hatte. Es führte ins Kongreß-Wien und stellte einen Festball ins Handlungszentrum.

Um Strauß die Sache zu erleichtern, wurde ihm vorgeschlagen, einfach aus seiner Vorratstruhe das ihm geeignet Erscheinende auszuwählen und mit wenigem Neuen zu amalgamieren. Strauß gefiel der Vorschlag. Das Ergebnis war eine Riesenkiste voller Melodien. Und was weiter? Wer sollte dem alternden Meister dabei helfen? Man verfiel auf Adolf Müller jr., den langjährigen ersten Kapellmeister des Theaters an der Wien, der selbst ein gewitzter Bühnenkomponist war.

„Wiener Blut" ging am 25. Oktober, wenige Monate nach Strauß' Tod, in Glanzbesetzung und glänzender Inszenierung, zum ersten Mal in Szene und – fiel durch. Kaum zu begreifen: die Aufführungs-Serie währte kaum einen Monat. Das Carl-Theater war am Ende. Jauner erschoß sich an seinem Schreibtisch. Fünfeinhalb Jahre später – am 23. April 1905 – kam das Werk ins Theater an der Wien und wurde eine Sensation; vierunddreißig Jahre später durch Willi Forsts Verfilmung ein Welterfolg, der bis heute anhält.

Johann Strauß, der „Todfeind des Todes", wollte weder Freund Hein noch das Altern zur Kenntnis nehmen. Er lebte nach dem Motto: Alt werden und jung bleiben. Das ist ihm auch fast gelungen. Er hat den um acht Jahre jüngeren Brahms überlebt und Adele bekannte nach seinem Tod: „Ich habe nie das Gefühl gehabt, einen alten Mann geheiratet zu haben!" Aber je mehr das Jahrhundert zu Ende ging, desto zwingender bekam Strauß das Alter zu spüren. „Das viele Notenschreiben hat meine Sehkraft im hohen Maße geschwächt, weil ich größtenteils zur Nachtzeit schrieb. Ich sehe alles doppelt - nehme ich einen Zahnstocher, so sehe ich immer zwei vor mir", klagte er Eduard. „Sollte ich das Unglück haben, blind zu werden, so erschieße ich mich."

Er hat sich nicht erschossen, und er hat auch nie eine Brille getragen, aber er wurde zunehmend schrulliger. „Griesgrämig, wortlos, kaum aufblickend schlich er tagelang scheu im Haus herum oder hielt sich in seiner Arbeitsstube eingesponnen", erzählt Ignaz Schnitzer. Die gefürchteten Krankheiten, Influenza, Rheuma, Arthritis, er mußte sie zur Kenntnis nehmen, aber nicht ohne darüber noch deftig zu witzeln: „Sehr bedauere ich die gichtartgien Erscheinungen in der rechten Hand", so schrieb er an Priester. „Versteifungen im heikelsten Glied des menschlichen Körpers kommen leider nicht vor. Zu solch schändlichem Betrug gibt sich die Natur nicht her. Die Versteifungen läßt sie nur dort vorkommen, wo man sie nicht brauchen kann."

Am 30. März 1895 verfaßte Strauß sein Testament. Darin setzte er - wie Brahms - die Gesellschaft der Musikfreunde in Wien zur Universalerbin ein mit der Verpflichtung, die festgelegte Jahresrente für Adele zu übernehmen. Die Gesellschaft erbte damit sechs Häuser und ein Gesamtvermögen von rund 830 000 Gulden. Adele vermachte er die gesamte Einrichtung des Igelhauses und überdies - und das war ein königliches Geschenk - alle Rechte an seinen Tantiemen. Hingegen ist ausdrücklich „Ernestine Henriette Angelika Strauß, geborene Diettrich, von allen wie immer gearteten Erb-, Fruchtgenuß- oder sonstigen Ansprüchen an meinem Nachlaß unbedingt auszuschließen". Seine beiden Schwestern Anna und Theresia bedachte er, nicht aber Eduard.

Seine Begründung lautete: „Wenn ich vorstehend nicht auch meinen lieben Bruder Eduard bedacht habe, so hat dies nur darin seinen Grund, daß er sich in günstigen Lebensverhältnissen befindet." Aber als zwei Jahre später Eduards Vermögen verschleudert war, fügte Jean im Testament hinzu: „Obwohl das Motiv, aus welchem ich meinen lieben Bruder in meinem Testamente nicht bedacht habe, meines Wissens nun nicht mehr zutrifft, so treffe ich doch diesbezüglich keine Änderung. Ich hoffe, daß sich die Verhältnisse meines Bruders wieder bessern werden." Mit dieser Hoffnung ließ er es bewenden. So „lieb" dürfte also der Bruder nicht gewesen sein. Oder argwöhnte Johann, daß ein Legat für Edi von der Familie wieder verschleudert würde?

Am Pfingstmontag 1899 dirigierte Strauß nachmittags eine Wohltätigkeitsvorstellung seiner „Fledermaus" in der Hofoper. Er schaffte nur die Ouvertüre und gab dann den Taktstock weiter. Es war sein letzter Auftritt als Dirigent. Vier Tage später, am 26. Mai, gab es ein großes Modefest in der Rotunde des Praters. Strauß signierte zahlreiche Damenfächer, wie es damals üblich war. Anderntags überfiel ihn plötzlich ein Schüttelfrost. Er begann zu fiebern und mußte zu Bett. „Lungenentzündung", stellte Prof. Nothnagel fest.

In der Nacht zum 1. Juni erhob sich der Kranke plötzlich und begann zu summen. Es war die Melodie zu Raimunds „Brüderlein fein": „Scheint die Sonne noch so schön/Einmal muß sie untergehn./Brüderlein fein,/'s muß geschieden sein." Adele, die an seinem Bett saß, erzählte später: „Die Tränen zurückdämmen wollte ich. Ich vermochte es nicht. Ich sah, daß es zu Ende ging, daß ein Sterbender vor mir lag." Am 3. Juni morgens schien eine Erleichterung eingetreten zu sein. Jean erwachte: „Er nahm meine Hand und küßte sie zweimal - eine letzte wortlose Zärtlichkeit..." Adele ermahnte ihn: „Versuch' ein wenig zu schlafen!" Gehorsam erwiderte er - es waren seine letzten Worte: „Das werde ich unter allen Umständen tun." Er tat es auch und - erwachte nicht mehr. „Um 4 ¼ nachmittags entschlief er in meinen Armen..." Sanft und schmerzlos. So war der so sehr gefürchtete Tod doch noch als milder Freund zu ihm gekommen.

Eduard Kremser dirigierte eben im Volksgarten ein Konzert zu Gunsten des Strauß-Lanner-Denkmals, als ihn die Todesnachricht erreichte. Er klopfte ab und intonierte ohne Ansage mit gedämpftem Orchester im Pianissimo den „Donau-Walzer". Die Zuhörer begriffen und gingen schweigend und weinend nach Haus.

Als Johann bestattet wurde, befand sich Eduard auf Deutschland-Tournee. Er unterbrach sie nicht. Bei der Gedächtnisfeier in Berlin erklang Mozarts „Maurerische Trauermusik" unter Richard Strauss. Das Leichenbegängnis hatte fürstlichen, ja pompösen Zuschnitt. Der Leichenwagen, flankiert von Reitknechten in altspanischem Kostüm, wurde von acht Rappen gezogen. Voran gingen ein Szepterträger und zwei Laternenträger, rechts und links acht Fackelträger, dahinter vier Kissenträger mit Johanns Orden und Ehrenzeichen, mit seinem Taktstock und seiner trauerbeflorten Geige. Die Männer schritten zu Fuß, die Damen fuhren in Trauerequipagen. Die Gaslaternen brannten, die Häuser waren schwarz beflaggt.

Strauß wurde in einem Ehrengrab neben Brahms zur letzten Ruhe gebettet. Einer der Grabredner faßte alle Nachrufe in die Worte zusammen: „Er hat die Freude der Welt erhöht." Das Schönste, was über den Toten zu sagen war, hat Strauß selbst gesagt. Er hat zwar damit seinen Vater gemeint, aber es gilt im schönsten und tiefsten Sinne auch für ihn selbst: „Seine Kunst hat manche Sorge verscheucht, manche Falte geglättet, vielen den Lebensmut gehoben, die Lebensfreude zurückgeben; sie hat getröstet, erfreut und beglückt..."

Im Grund ist Strauß nicht gestorben. Nur was irdisch war an ihm, ist dahingegangen, und mit ihm seine Zeit. Sein Geist, seine Weisen sind lebendig geblieben und werden immer lebendiger und grüner. Es ist eine Tatsache, daß auch die Musik unserer Größten nicht ganz vor Abnützung gefeit ist. Denken wir etwa an Wolframs Lied an den Abendstern in Wagners „Tannhäuser". Der Donauwalzer, hunderttausendemal häufiger gespielt, ist unabnützbar, herrlich wie am ersten Tag. Immer wieder, wenn die Wiener Philharmoniker in ihrem Neujahrskonzert den zart-flimmernden D-Dur-Dreiklang anstimmen und an hunderte Millionen von Menschen in aller Welt weitergeben, dann geht eine Welle von Glückseligkeit um diese bekümmerte Welt, und ein Stück vom verlorenen Paradies kehrt für einen Augenblick der Ewigkeit wieder zurück.

Bildnachweis

1 Lithographie von H. Gerhart, Hist. Museum der Stadt Wien
2 Zeitgenössische französische Karikatur von J. P. Dantan
3 Aquarell von J. H. Schramm, Hist. Museum der Stadt Wien
4 Titelblatt der 1846 erschienenen Odeon-Tänze
6 Tuschezeichnung von L. Wegmann, Hist. Museum der Stadt Wien.
7 Übungen zur Harmonielehre, Handschrift des jungen Joh. Strauß Sohn, Wiener Stadtbibliothek
8 Lithographie von T. Raulino. Hist. Museum der Stadt Wien
9 Inserat in der „Wiener Zeitung"
10 Karikatur von Schmidt im „Wiener Punch"
13 Nach der Rowohlt Monographie „Johann Strauß"
15 Oben, Schattenriß von Hans Schließmann; unten, Programm Pawlowsk, Wiener Stadtbibliothek
16 Aus Pahlen, Johann Strauß
17 Hans Schließmann in „Wiener Schattenbilder"
19 Hans Schließmann in „Wiener Schattenbilder"
21 Kreidezeichnung von Leopold Horovitz, 1896, Hist. Museum der Stadt Wien
22 Aus „Dr. Otto Böhlers Schattenbilder"

Vorsatz:
Eduard Strauß, aus „Dr. Otto Böhlers Schattenbilder"

Nicht zitierte Vorlagen:
Archiv des Autors bzw. des Herausgebers

Inhalt